Rivellino

Consulte nosso catálogo completo e últimos lançamentos em **www.editoracontexto.com.br**.

Rivellino

Maurício Noriega

Copyright © 2015 do Autor

Todos os direitos desta edição reservados à
Editora Contexto (Editora Pinsky Ltda.)

Fotos de capa e de miolo
Arquivo pessoal de Roberto Rivellino
Montagem de capa e diagramação
Gustavo S. Vilas Boas
Preparação de textos
Tatiana Borges Malheiro
Revisão
Lilian Aquino

Dados Internacionais de Catalogação na Publicação (CIP)
Angélica Ilacqua CRB-8/7057

Noriega, Maurício
Rivellino / Maurício Noriega. – 1. ed., 1ª reimpressão. –
São Paulo : Contexto, 2025.
208 p. : il.

Bibliografia
ISBN 978-85-7244-924-3

1. Jogadores de futebol – Brasil – Biografia 2. Rivellino,
1946- 3. Sport Club Corinthians Paulista 4. Futebol
I. Título

15-0787	CDD 927.96334

Índice para catálogo sistemático:
1. Jogadores de futebol – Brasil – Biografia

2025

EDITORA CONTEXTO
Diretor editorial: *Jaime Pinsky*

Rua Dr. José Elias, 520 – Alto da Lapa
05083-030 – São Paulo – SP
PABX: (11) 3832 5838
contato@editoracontexto.com.br
www.editoracontexto.com.br

Aos Urrutia Noriega,
com amor eterno

Sumário

Apresentação

"Porra, você me abandonou?"

A cobrança, em tom ríspido, mas sem disfarçar certo ar de galhofa, me fez rir e sentir uma pontinha de orgulho. Fiquei imaginando se era assim que ele cobrava seus companheiros em treinamentos ou em jogos com as camisas do Brasil, do Corinthians, do Fluminense.

A cena foi reproduzida todas as manhãs em que eu o encontrei para enfileirar entrevistas como ele enfileirava adversários. Cena e cenário se repetiam em seu refúgio. Uma pesada porta de ferro afasta os sons frenéticos da metrópole. Em meio ao silêncio e ao canto dos pássaros, ele devora as páginas esportivas do jornal, banhado pela luz do sol. Aproveitando-se do transe informativo do dono, um papagaio sai da gaiola e, sorrateiramente, busca a porta. O bicho só não conta com a visão espacial privilegiada do leitor, que rapidamente se levanta, gira o corpo e, em tom duro, mas com carinho de dono, ordena que a ave retorne à gaiola, não sem ouvir uma bronca.

"Ele acha que pode me enganar", gaba-se, enquanto brinca com o animal.

Embora a paisagem tenha mudado radicalmente em mais de 50 anos, ele conhece cada centímetro daquele território. Desde os tempos em que em vez de carros corria um riacho do outro lado da porta de ferro. Tempos em que havia campos de futebol de várzea onde hoje existem viadutos, pontes e centros comerciais.

O telefone toca e interrompe o breve devaneio. É mais um convite para um churrasco com amigos dos velhos tempos.

Embora haja futebol por todos os lados, nada naquele ambiente sugere fausto, ostentação, mesmo que nas fotos desfilem legítimos integrantes da realeza dos craques – como ele, o interlocutor de dezenas de entrevistas e bate-papos que foram o material fundamental para este livro. A proposta aqui é fazer um perfil do jogador e buscar os motivos que o transformaram em mito.

10

Não haveria lugar melhor para vasculhar a história de um dos maiores gênios do futebol. Foi respirando aqueles ares e vendo aquela paisagem, hoje definitivamente transformada, que o garoto Roberto aprendeu os truques que o tornaram Rivellino, o Reizinho do Parque, a Patada Atômica, o maior jogador do Fluminense, o campeão do mundo pela seleção brasileira de 1970.

Convido o leitor a embarcar comigo nessa viagem ao tempo de um futebol iluminado, sob o comando da canhota mais reverenciada de todos os tempos. No caminho, minha meta é tentar explicar por que gente como Maradona, Zidane, Platini e Beckenbauer, só para citar alguns, idolatra Rivellino; além de buscar as razões pelas quais o futebol brasileiro desaprendeu a nos brindar com jogadores como ele. A mudança de um país rural para urbano, o negócio se impondo sobre o jogo e a tendência a copiar o modelo de jogo europeu aparecem como os principais "marcadores".

Boa viagem!

De canoa. Para ver o ídolo Chiquita

De como o garoto Roberto descobriu o futebol nas ruas e nos campos de várzea de uma São Paulo que não existe mais.

O cruzamento das avenidas Vicente Rao e Luiz Carlos Berrini, próximo à ponte do Morumbi, é um dos mais movimentados de São Paulo. Milhares de pessoas circulam em alta velocidade entre dois gigantescos centros de compras, hotéis e dezenas de modernos edifícios que abrigam grandes empresas.

É difícil acreditar que onde hoje há asfalto e veículos corria o leito de um riacho cujas águas límpidas se espalhavam numa várzea em tempos de cheia. O córrego desaguava no rio Pinheiros, que até os anos 1960 era sinuoso como a natureza projetara – seu curso ainda não havia sido retificado pelo ser humano.

A cidade de São Paulo da transição dos anos 1940 para 1950 ainda era provinciana, com poucos ares de metrópole. Era possível, por exemplo, ir de canoa de uma casa no bairro conhecido como Brooklin Paulista, próximo de onde fica o Esporte Clube Banespa, até as margens do rio Pinheiros. O local era infestado por nascentes cujos cursos de água seguiam até dois vales.

Antes de mudar com a família para o Brooklin, Rivellino morou no bairro da Aclimação, em São Paulo. Nesta foto com a turma da rua e a "redonda" já dando pinta, o irmão Abílio é o primeiro agachado à esquerda; Rivellino, o primeiro agachado à direita.

15

Ali transformados em rio, eles finalmente alcançavam seu destino final, o Pinheiros. Daí veio o termo "águas espraiadas", que era o nome da avenida atualmente chamada de Roberto Marinho.

Entre uma pescaria e outra no riacho, a diversão da molecada era ir de canoa até os campos de futebol de várzea que ficavam à beira do rio Pinheiros. Recém-chegados da Aclimação, bairro mais próximo do Centro, os irmãos Abílio e Roberto se adaptaram rapidamente ao novo bairro e engrossaram a turma da rua Joaquim Guarani, que acompanhava alguns dos principais clássicos de várzea da Zona Sul de São Paulo, nos quais se reuniam times lendários como América de Santo Amaro, Vila Carmem, Durex, Minister. Brilhavam ídolos daqueles moleques com os pés enlameados – craques de fama local, como Chiquita e Airton.

Ao voltar para casa, Abílio e Roberto disputavam animadas partidas de gol a gol, modalidade na qual cada um tentava vazar a meta adversária com um chute, sempre imitando o estilo dos ídolos da várzea. Chiquita era o favorito de Roberto, o mais novo. O garoto admirava o jeito de bater na bola de seu herói. Os chutes não eram apenas potentes, tinham estilo. Formavam curvas e trajetórias que confundiam os marcadores adversários. As disputas de gol a gol no quintal dos irmãos, sob a supervisão

Abílio e Rivellino em Santos, na praia José Menino. Foi nas brincadeiras de bola com o irmão que o craque desenvolveu muitos de seus truques com a perna esquerda.

de Wilma, irmã mais velha, tinham cadeiras como gols impro-visados. Até que um dia eles resolveram sofisticar a brincadeira e adaptaram um galinheiro do pai como meta. Abílio começou a provocar o caçula, cuja pontaria estava ruim. Inspirado pelos chutes de curva de Chiquita, o canhoto Roberto meteu o que ele chamava de "uma rosca" na bola. Bateu com o lado externo do pé esquerdo, com raiva. A trajetória inicial parecia inofensiva. Mas o percurso sinuoso da pelota encontrou a porta do galinheiro, que não resistiu à força do chute e cedeu. Foi um deus nos acuda! Galinha para um lado, pena e milho para outro; um escarcéu no quintal da família que rendeu uma bela bronca do patriarca e proprietário do galinheiro, Nicolino, que descansava lendo no jornal as notícias de seu time, o Palmeiras.

Foi assim, sem *glamour* ou grandes planos, que teve início a saga de um dos maiores jogadores de futebol de todos os tem-pos. Seguramente um dos dez melhores e mais marcantes artistas desse jogo apaixonante.

O destruidor do galinheiro do seu Nicolino foi o filho Roberto Rivellino, que cerca de 15 anos mais tarde seria conhe-cido como Reizinho do Parque e Patada Atômica. A transfor-mação do futebol de brincadeira de rua em profissão aconteceu naturalmente. Nada foi sonhado nas noites de infância e ado-lescência. "Quando era garoto, nunca pensei que seria jogador de futebol, que chegaria a jogar em times grandes e na seleção brasileira. Eu gostava de jogar bola na rua, nos campinhos de terra, como qualquer moleque da minha idade. Nada mais do que isso", recorda, simples assim.

18

Jogadores de futebol, quando entrevistados sobre sua infância, geralmente citam pretensões nada modestas. Muitos dizem que sonhavam com gols em finais de Copa do Mundo. Outros citam nominalmente jogadores que viam pela TV e nos estádios ou cujas façanhas escutavam pelo rádio. Para Rivellino nada disso aconteceu. "Eu nunca tive um ídolo desses de dizer que eu copiei. Quando eu era moleque não tinha televisão, a gente ouvia os jogos pelo rádio ou escutava o que os mais velhos contavam. Eu sempre gostei de jogadores que tratavam bem a bola, com categoria, batiam com estilo. Lembro-me desses caras da várzea, do Chiquita, do Airton, e também gostava do que falavam do Zizinho, do Didi. Mas não posso dizer que foram minha inspiração."

A vida corria tranquila na região conhecida como Baixada do Brooklin Paulista. O clã chefiado pelo patriarca Biaggio Rivellino, avô paterno de Roberto, era proprietário de uma vasta área que ia do cruzamento das atuais avenidas Santo Amaro e Vicente Rao até quase a margem do rio Pinheiros.

As peladas não tinham times definidos, era tudo na base da brincadeira. A única regra pregava que os irmãos Abílio e Roberto não podiam atuar no mesmo time, porque era covardia. Abílio era ponta-direita. Rápido e driblador, humilhava os marcadores com extrema facilidade. O canhoto Roberto era hábil, inteligente e chegava a machucar com a força de seu chute. "Uma vez eu quebrei o braço de um menino com meu chute. Tinha um amigo nosso chamado Maurício, que era descendente de índios e ficava com aquela porra do arco e flecha o dia inteiro. Aquilo me irritava. Um dia peguei uma varada e acertei a cabeça dele, que

19

desmaiou. Falavam que eu tinha matado o Maurício, que seria preso. Eu chorava feito um desesperado", recorda.

Quem organizava as peladas, com a condição de que Abílio e Roberto estivessem em equipes diferentes, era um senhor que fazia questão de ser chamado pelo nome completo: Maurício Celso de Rezende Simões. Ele apitava os jogos, expulsava jogadores e gostava de interromper e orientar os jovens atletas quando entendia que tinham feito alguma coisa errada. Gabava-se para os amigos dizendo que tinha ensinado Rivellino, o Roberto, a chutar de perna esquerda.

A versão de Simões é contestada pela memória de Roberto. "Nunca ninguém me ensinou a chutar. Claro que você aprende muita coisa, mas o meu chute é dom, é natural; eu fui aprimorando jogando na rua, na várzea e depois nos clubes. Tenho fotografias de quando tinha 3, 4 anos de idade e já tinha a postura de bater na bola que eu mostrei depois como profissional", afirma.

A primeira investida num futebol mais sério foi organizada no campinho que ficava a poucos metros de onde está localizado o Esporte Clube Banespa, praticamente na esquina das avenidas Santo Amaro e Vicente Rao. Ali foi a primeira sede, improvisada, de um tradicionalíssimo clube paulistano, o Clube Atlético Indiano. Sede era força de expressão, porque havia o campo, um vestiário improvisado e nada mais, em uma área que pertencia à família de Rivellino e era alugada para os boleiros do Indiano.

Um diretor do Banespa viu Rivellino jogando futebol na rua Joaquim Guarani, onde a família vivia, e convidou ele e os amigos para uma partida contra o time de futsal (à época, futebol de salão) do clube. "Demos uma porrada neles com nosso time, que só tinha moleque de rua. Gostei do salão e comecei a jogar também no campo, pelo juvenil do Banespa", lembra. Apesar da nova rotina, o futebol era apenas mais uma entre muitas brincadeiras. "Eu não ficava curtindo futebol no rádio, eu queria jogar bola. Gostava de um time – no meu caso, esse time era o Palmeiras – mas não ficava ligado nos jogos. Ia jogar minhas peladas. Ou ficava no peão, na pipa", conta. A paixão pelo Palmeiras vinha da família de origem italiana. Seu Nicolino fazia questão de ressaltar que era Palestra. Roberto tinha um papagaio chamado Totó, a quem ensinou gritar "goooooool do Palmeiras".

Esta é uma das imagens favoritas de Rivellino. Ele próprio afirma que com 3 ou 4 anos de idade já mostrava habilidades com a canhota que ficaria famosa. Segundo Riva, o estilo de bater na bola é o mesmo que ele mostraria como profissional.

21

"Quando eu era garoto, o Palmeiras veio treinar no Banespa. Eu subia na cerca, pulava o muro, queria ver Valdir de Morais, Djalma Santos, Aldemar, Waldemar, Zequinha, Chinesinho, Vavá, Romero, Ferrari. Nunca neguei que eu era palmeirense; somos descendentes de italianos."

Claro que a família Rivellino também ia aos estádios. Para o jovem Roberto, dois dias de arquibancada ficaram marcados na memória. "Lembro-me da inauguração do Morumbi, tinha muita gente. Mas nunca me esqueço de ter visto um Santos e Botafogo, no Pacaembu. Dorval, Mengálvio, Coutinho, Pelé e Pepe no Santos. Garrincha, Didi, Quarentinha, Amarildo e Zagallo no Botafogo. Foi 4 a 2 para o Botafogo. Eu ali, moleque, olhando Pelé, Garrincha, Didi...", recorda, nostálgico.

O sucesso no futsal do Banespa e no futebol de campo do clube Indiano transformou Roberto em uma espécie de celebridade entre os caçadores de talento do futebol paulistano. Seu chute com a perna esquerda chamava a atenção dos olheiros dos grandes clubes. Até que os dois maiores rivais do futebol paulista, Corinthians e Palmeiras, travaram mais uma de suas muitas batalhas. Dessa vez, não apenas pelos pés, mas também pelo coração de um jovem craque.

O Indiano era frequentado por jogadores em atividade e ex-jogadores. A fama de Roberto era grande no clube. É nesse ponto que a disputa entre Timão e Verdão pelo talento do jovem jogador se divide em duas versões: a de Roberto e a do treinador Mário Travaglini. Ganhou força com o tempo a do craque, segundo a qual ele teria sido desprezado em um teste que fez no Palmeiras, sob o olhar de Travaglini.

"O teste no Palmeiras foi uma decepção muito grande. Não pedi para ir. Eu jogava futsal no Banespa, além de campo. Houve uma decisão contra o Palmeiras no Banespa. Joguei bem e um diretor do Palmeiras que estava vendo o jogo fez um comentário: 'Será que esse garoto joga bem no campo?'. Naquele dia calhou de meu pai, que não me acompanhava muito nas partidas, estar vendo o jogo. Ele estava perto desse diretor, ouviu a pergunta e respondeu: 'É meu filho e também joga muito bem no campo'. O diretor mandou procurar o Mário Travaglini. Fui ao Palmeiras com meu padrinho, lá na Barra Funda. Treinei. Eu fazia minhas jogadas e parecia que não estavam nem aí. Fui uma, duas vezes. Na terceira, o Travaglini separou um grupo, no qual eu estava, e disse que a gente podia se trocar que não iríamos treinar. Eu disse: 'Vai tomar no cu, não preciso dessa merda'. Peguei minhas coisas e fui embora. Contei pro meu pai e fui embora", recorda Rivellino, ainda irritado com a história, mais de 40 anos depois do ocorrido.

No livro *Mário Travaglini: da academia à democracia*, dos jornalistas Márcio Trevisan e Hélvio Borelli, o treinador, falecido em 2014, conta sua versão da história, aqui resumida. "O Rivellino foi ao Palmeiras com um bilhete de apresentação assinado pelo José Maria Marin (ex-presidente da Confederação Brasileira de Futebol – CBF), que também era do Indiano. Eu me lembro de que era uma quinta-feira e estávamos treinando num dos campos do Nacional, na rua Comendador Souza, porque no domingo jogaríamos a final do Paulista Juvenil, contra o São Paulo. O Rivellino chegou acompanhado do pai, com o bilhete e vestido para treinar. Mas eu não poderia colocá-lo desde o início porque precisava armar o time da final. Ele fez cara feia, ficou resmungando, mas não dei atenção. Quando faltavam 15, 20 minutos para terminar o treino, coloquei o Rivellino no time reserva. Foi, de fato, um tempo curto, mas pude ver que ele era diferente. Fui até ele e disse que ele era realmente muito bom, especial. Expliquei que, por causa da decisão, não tinha tempo para resolver a contratação dele, mas pedi que voltasse na semana seguinte. Percebi que não gostou, mas nem ele nem o pai reclamaram. Ele ouviu o que eu disse, virou as costas e foi embora."

Além das duas versões, havia ainda o segundo jogo da decisão do futsal, entre Banespa e Palmeiras. Rivellino e Travaglini se encontrariam novamente neste dia. O treinador tinha ficado realmente impressionado com o garoto e foi até o velho ginásio do Palestra Itália para ver o jogo e tentar convencer o garoto a se inscrever pelo Palmeiras. "Quando terminou o jogo, fui até a quadra com dois funcionários do Palmeiras, Oscar Paolillo e Ruy Cardim. Eles mostraram a inscrição, e bastava que o pai do Rivellino assinasse para ele ser jogador do Palmeiras", conta Travaglini no livro.

Irritado com o que considerou pouco caso de Travaglini no período entre o primeiro e o segundo jogo da final do futsal pelo Banespa, Rivellino seguiu jogando no Indiano. Havia no clube um diretor chamado Paulo Laguna, que também era diretor do Corinthians. Algumas semanas antes, ele tinha recebido no campo do Indiano o responsável pelo futebol amador do clube alvinegro, João Cerino, que havia ido ao Indiano para ver Rivellino, mas foi desencorajado por Laguna sob o seguinte argumento: "Esquece, que esse aí é palmeirense".

Foi no time de futebol de salão do Esporte
Clube Banespa que Rivellino (primeiro
agachado à esquerda) teve o primeiro
contato com o esporte competitivo, por
volta dos 10 anos. O diretor Mamede, de
óculos, o levou para jogar pelo clube.

A versão de Rivellino, novamente, difere da apresentada por Travaglini. "O Paulo Laguna, que era diretor do Indiano, conhecia muito um diretor do Corinthians chamado Cerino. Pediu para eu ir ao Corinthians, o Laguna falou para me olharem com carinho, aquela coisa de amigo. Eu me comprometi a ir no ano seguinte. O segundo jogo da final do futsal foi no Palmeiras. Joguei muito, arregacei com eles, e o Mário Travaglini estava vendo. Ele me reconheceu do teste e veio falar comigo, pediu desculpas, disse que não tinha dado para me ver direito. Eu disse: 'Agora não, vou para o Corinthians'. O Travaglini disse que mandaria um carro me buscar, mas não tinha jeito. Eu tinha me comprometido com o Corinthians."

Em resumo, Rivellino acha que foi desprezado por Travaglini, pois acredita que o treinador sabia de seu potencial e que não dependeria de testes para ser aprovado. Travaglini morreu acreditando que Rivellino tinha sido procurado antes pelo Corinthians e havia dado sua palavra a Cerino. Com o tempo, o craque e o treinador se tornaram amigos e trabalharam juntos, inclusive, com muito sucesso, no Fluminense. E, verdade seja dita, no Palmeiras nunca houve muita cobrança sobre a perda de Rivellino para o grande rival.

COM A PALAVRA,
Abílio Rivellino

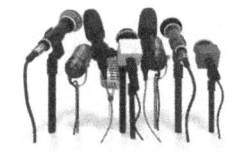

"A bola parece que é amiga dele e diz: 'Quero ficar com você'"

Ele foi espectador privilegiado do nascimento de um craque histórico. Mais do que isso: ensaiou tabelas e jogadas ao lado da canhota mais famosa do futebol brasileiro. Para ele, o Reizinho do Parque é simplesmente o Roberto. "Desde criança ele já era diferente. Canhoto, menor do que os outros e chutava mais forte que todo mundo da turma, até os mais velhos. O jeito dele de bater na bola quando era pequeno é exatamente igual a como batia como profissional." Quem afirma é Abílio, irmão de Roberto Rivellino, dois anos mais velho. Com a autoridade de quem, segundo a avaliação do irmão famoso, "era um ponta-direita que jogava muito".

Foi ao lado de Abílio, pelas ruas de terra do bairro paulistano do Brooklin, que Roberto deu os primeiros chutes na caminhada rumo ao olimpo do futebol. "Nossa vida era muito boa e muito simples. A gente passava o dia na rua, empinando pipa e jogando futebol. Não havia perigo. Aos domingos, a diversão era ir ao cinema após a missa. No resto do tempo jogávamos bola", recorda.

Desde muito cedo, os olhos de Abílio identificaram uma relação do irmão mais novo com alguém muito especial. "A bola parece que é amiga dele e diz: 'Quero ficar com você'. Eles têm uma cumplicidade. Parece que Deus olhou para o Roberto e falou: 'Você vai ser craque de bola'. Ele nasceu para jogar futebol. E como gostava de jogar futebol! Com chuva, então, era uma festa." Quando a chuva apertava e era preciso voltar para casa, os irmãos buscavam na criatividade pura das crianças soluções para a falta de espaço. "Em casa tínhamos duas salas, uma de jantar e uma de visitas. A gente ficava metendo chutes de três dedos para a bola passar entre os pés das cadeiras, com obstáculos no caminho", recorda, revelando uma das técnicas de treinamento que o jovem jogador brasileiro costumava tirar da cartola nos tempos ditos românticos.

Foi essa relação quase uterina com a bola que moldou um dos maiores craques de todos os tempos. "A gente estudava no Colégio Meninópolis. O Roberto ainda era criança de colo e ficava com o padre Carlos durante o intervalo, porque era muito pequeno para jogar bola com as outras crianças. O padre precisava parar o jogo da molecada apenas para o Roberto chutar a bola e fazer um gol. Era a única maneira de fazê-lo parar de chorar."

Abílio garante que todos os ingredientes para o jogador espetacular que o irmão se tornaria estavam presentes logo quando Roberto havia deixado de usar fraldas. "Temos fotos dele com

3, 4 anos chutando bola. O jeito de bater na bola é igual ao de quando tinha 25 anos. Basta pegar as fotos e conferir."

Foi esse jeito especial – e muito forte – que chamou a atenção de um diretor do Esporte Clube Banespa enquanto assistia a uma pelada de moleques na rua Joaquim Guarani. Ele convidou os garotos que jogavam descalços para fazer uma partida contra o time de futsal do clube. "Lembro-me muito bem, porque foi numa segunda-feira, dia em que os clubes fechavam para manutenção; mas o time do Banespa estava treinando. Claro que o interesse era no Roberto. A bola de futsal antigamente era menor e mais pesada, e ele fez miséria no jogo. Em pouco tempo, estava jogando no time do Banespa e juntava gente na arquibancada apenas para vê-lo. Naquela época, ele era conhecido como Maloca, porque adorava a música "Saudosa maloca", do Adoniran Barbosa. Todo mundo queria ver o Maloca".

A vida seguia seu curso, com escola, corridas para escapar das broncas de seu Nicolino e muito futebol, claro. "Aos domingos, a gente saía de casa às 8 horas da manhã, toda a molecada em cima de um caminhão, para jogar nos festivais de várzea. Jogávamos na Vila Carmem, no Campo Limpo, no Taboão da Serra. Eram jogos de dois tempos de 15 minutos e quem ganhasse ia ficando no campo. Chegávamos a jogar seis partidas por domingo."

Foi nessas peladas de várzea, no futsal do Banespa e no futebol de campo do Clube Atlético Indiano que Rivellino consolidou seu caráter e estilo como jogador de futebol. Mas também havia quem observar e imitar. "O time do São Paulo treinava no campo da Durex e a gente ia lá para ver Poy, De Sordi, Mauro

O campeonato interno do Clube Atlético Indiano, em São Paulo, foi berço de muitos grandes craques. O primeiro à esquerda abaixado é o primo Biaggio; o terceiro agachado é Abílio e o quinto da esquerda para a direita é Rivellino.

e, principalmente, o Canhoteiro, que ficou nosso amigo com o tempo. A gente via o Canhoteiro fazer aquelas maravilhas com a bola e quem tinha habilidade tentava imitar", revela Abílio. Roberto o imitava cada vez melhor e desenvolvia os próprios truques. Até o momento em que foi chamado para treinar no time juvenil do Corinthians. "Mandaram o Luizinho Pequeno Polegar ver o treino do juvenil do Corinthians para observar um quarto-zagueiro. Ele voltou e disse que só tinha um meia-esquerda que jogava muita bola: era o Roberto. Meu irmão começou muito cedo e ficou pouco tempo no futsal e no juvenil do Corinthians. Logo ele estava no time de aspirantes e, em seguida, foi para o principal." O próprio Abílio jogou por um tempo, mas não seguiu carreira; preferiu ajudar o irmão e os negócios da família.

A ida para o Corinthians, depois de um confuso teste no Palmeiras, provocou uma situação curiosa nos corações torcedores da família Rivellino. "Meu pai era palestrino. O Roberto é corintiano, ama, deve tudo ao clube, é apaixonado pelo Corinthians e também pelo Fluminense. Mas quando pequeno ele também era palmeirense, nunca negou isso. Por incrível que pareça, eu sou palmeirense e meu segundo time é o Corinthians, por causa do meu irmão", conta Abílio.

Por acompanhar de perto a era de ouro do futebol, ele não tem dúvidas em afirmar: "Eu vi os melhores do mundo. Não é por ser o meu irmão, mas o Roberto está entre os cinco melhores de todos os tempos. O Roberto é gênio. Era imprevisível, só ele sabia o que ia fazer em campo. Quando a bola vinha no pé dele, já tinha quatro, cinco jogadas na cabeça e

32

tocava sem olhar. Isso ele já fazia quando era criança. Quando Roberto pegava na bola, eu sabia que era só correr porque a bola chegaria se eu fosse a melhor opção. Ele não precisava se afastar para bater forte na bola. Ele não virava o corpo, virava o pé. É diferente. Eu o vi fazer isso milhares de vezes e era do mesmo jeito na rua, no Pacaembu, no Maracanã."

Abílio se recorda com carinho especial de um dia em que ouviu uma opinião semelhante de outro integrante do grupo dos cinco maiores de todos os tempos. "Estava com meu irmão num evento com Beckenbauer e Pelé. Fui apresentado ao Beckenbauer e ele me disse em inglês, com a tradução de um amigo: 'Estou ao lado do maior jogador branco e do maior jogador negro do mundo'."

Nas preliminares, a esperança: o Garoto do Parque

Atração nos jogos que antecediam as partidas do time principal do Corinthians, Rivellino ganha fama nos tempos do Faz-me Rir.

O período de 1954 a 1977 é de triste lembrança para os corintianos. Foi uma época de provação vivida pela Fiel. O registro histórico mostra que entre essas datas o Timão não ganhou nada. Os resultados oficiais trazem o Rio-São Paulo de 1966, um torneio que não terminou e teve a taça repartida por decreto entre Corinthians, Santos, Vasco e Botafogo. Não foi levada a sério nem por Elisa, a torcedora-símbolo corintiana.

Um dos piores anos do jejum foi o de 1961. Naquela temporada, os torcedores adversários inventaram um apelido sarcástico para o fraquíssimo time montado no Parque São Jorge: Faz-me Rir. A temporada foi medíocre: 71 jogos, com 36 vitórias, 13 empates e 22 derrotas, saldo positivo de um triunfo se somados reveses e igualdades. Houve pontos críticos, como a goleada de 7 a 0 sofrida diante da Portuguesa e uma sequência de três derrotas para rivais cariocas – Botafogo, Vasco e Flamengo.

Foi ainda sob o impacto negativo do Faz-me Rir que Rivellino passou a jogar pelo juvenil do Corinthians, em 1963. O treinador da equipe, José Castelli, conhecido como Rato, era mestre em revelar jogadores. O talento com a perna esquerda do garoto não passara despercebido, e Rato teve a oportunidade de escalá-lo como armador em virtude da contusão do titular da posição, Sérgio. Aos poucos, com bom desempenho e gols, Rivellino começava a ser notado no Corinthians. Ele foi praticamente adotado no clube pelo zagueiro Mendes (Sebastião Mendes Neto), da equipe de aspirantes. Irmão de outro jogador profissional, Isidoro, que foi lateral da Portuguesa, Mendes dava conselhos a Rivellino sobre como se comportar no clube, nos jogos, em diversas situações que a vida de jogador apresentava.

Em 1964, o treinador do time de aspirantes do Corinthians, Paulo Amaral, foi alertado pelo ídolo histórico corintiano Luizinho, o Pequeno Polegar, sobre o talento de um meia-esquerda do juvenil. A equipe de aspirantes era o segundo time dos clubes, que misturava jovens promessas do juvenil e jogadores profissionais que não estavam jogando na equipe principal ou se recuperavam de contusões. Os campeonatos de aspirantes eram muito valorizados naquela época do futebol brasileiro. Riva foi incorporado imediatamente à equipe de aspirantes e passou a treinar com o elenco de profissionais do Corinthians. O futebol deixava de ser uma diversão para se transformar em trabalho. "Meus pais cobravam o estudo. A gente frequentava o colégio, mas nunca fui de estudar. Fiz só o ginásio, porque não tinha como conciliar quando comecei a jogar futebol. Era uma época diferente, a vida abria mais caminhos. Hoje, mesmo com diploma é difícil."

37

Rivellino foi protagonista em 1964 de uma rara alegria da torcida corintiana no período de vacas magras. Como o clube tinha equipes principais que beiravam o ridículo, a torcida resolveu adotar o time de aspirantes. Principalmente por causa daquele jovem de perna esquerda habilidosa e chute potente. Era comum que os jogos dos aspirantes do Corinthians tivessem casa cheia e que, ao apito final, boa parte dos torcedores fosse embora para não sofrer com o time principal.

Embora não servisse como alívio para o jejum de títulos, que acumulava uma década, a conquista do Campeonato Paulista de Aspirantes de 1964 deu à torcida do Corinthians motivos para sonhar com dias melhores. A classificação era contada por pontos perdidos, e os aspirantes corintianos deixaram apenas seis pelo caminho. A equipe que aliviou os corações alvinegros naquele ano era assim formada: Barbozinha; Ari Ercílio, Mendes, Batista e Jorge Correia; Édson e Rivellino; Sérgio Echigo, Manoelzinho, Osmar e Bazzani.

Foi nesse período que Rivellino aprendeu o drible elástico, que transformou em marca registrada. O inventor, segundo Riva, foi o ponta-direita Sérgio Echigo, apelidado Japonês. Ao

Sérgio Echigo (à esquerda), o Japonês, companheiro de Rivellino nos aspirantes do Corinthians, foi quem inventou o drible elástico, aperfeiçoado e imortalizado por Rivellino.

ver o amigo "entortar" um lateral com o drible no treinamento, Riva pediu que Echigo o ensinasse. Trouxe o eixo para sua perna esquerda e aperfeiçoou a jogada; porém, jamais deixou de dar crédito a Echigo, que se mudou para o Japão anos depois, mas seguiu amigo do "aprendiz" canhoto. O inventor do elástico explicava sua criação como uma tentativa de juntar em um mesmo drible os principais truques dos dois maiores jogadores de futebol do Brasil, Garrincha e Pelé. De acordo com Japonês, Garrincha usava o drible retardando a passada e protegendo a bola com o lado de fora do pé direito; quando o marcador tentava o bote, ele saía em grande explosão pelo lado direito. Sobre Pelé, Echigo entendia que o Rei adotava o método oposto – protegia a bola com o lado de dentro do pé e fingia ir para a direita, cortando para a esquerda. O elástico teria surgido de uma fusão desses dois dribles.

Foi meteórica a ascensão de Roberto. Em 1965, ele era, de fato, um jogador de futebol profissional do Corinthians. Em janeiro, apresentou-se ao treinador Oswaldo Brandão para a pré-temporada. O Velho Mestre era observador frequente das partidas do time de aspirantes e já conhecia o talento do garoto. O compromisso inicial do time corintiano na temporada seria uma excursão pelo Nordeste. Além de Rivellino, Sérgio Echigo e Mendes também haviam "subido" para o time principal.

Profundo conhecedor dos segredos do futebol, Brandão sabia que a imprensa e a torcida do Corinthians viam em Ri-

40

No início da carreira no
Corinthians, Rivellino dividia
o quarto com o experiente
Dino Sani nas concentrações.
Sani, campeão mundial com
a seleção, ajudou Riva
na transição para
o profissionalismo.

vellino uma estrela em potencial. Mais do que isso, depositavam no garoto suas esperanças. Pensando em prepará-lo para essa pressão, o treinador escalou o veterano meio-campista Dino Sani, campeão do mundo em 1958, com passagens por Boca Juniors e Milan, entre outros, para ser o companheiro de quarto de Rivellino na concentração. "O Dino foi muito importante na minha chegada ao time principal do Corinthians, tanto dentro como fora de campo. Aprendi muita coisa com ele", agradece Riva.

Em 13 de janeiro de 1965, o Corinthians fez um amistoso contra o Santa Cruz, no Estádio dos Aflitos, em Recife. O time corintiano que começou a partida misturava heróis do passado de glórias, remanescentes do período que já contava dez anos sem títulos e promessas: Cabeção; Amaro, Cláudio e Oreco; Dino Sani e Clóvis; Ferreirinha, Rivellino, Nei, Flávio e Bazzani. O Timão venceu por 3 a 0, com gols de Bazzani, Flávio (com passe de Rivellino) e Rivellino.

Curiosamente, Riva não atuava como camisa 10, taticamente, em seus primeiros jogos pelo Corinthians. Ele jogava "de 8", como Brandão dizia, sempre se referindo à camisa que identificava a posição do atleta. No caso, a de ponta de lança, o jogador de meio-campo que atuava mais próximo do ataque. "Brandão era um pai. Sempre tive parceria boa com ele, me ajudou muito. Havia uma afinidade. A toda hora te olhava, pedia para se cuidar etc."

A vida no time profissional do Corinthians trazia pressão, mas também benefícios. O salário subiu e o longo caminho do Brooklin até o Parque São Jorge não precisava mais ser percorrido em duas viagens de ônibus. Um fusca azul, comprado com o salário de atleta profissional, entrou na rotina do jovem jogador. O percurso para os treinamentos ficou mais rápido. Assim como a caminhada rumo ao estrelato.

Azul também era a cor da camisa da seleção brasileira que Rivellino vestiria pela primeira vez em 1965. O Corinthians foi escolhido pela Confederação Brasileira de Desportos (CBD) para representar a seleção em um amistoso contra o Arsenal, em Londres. Em 16 de novembro de 1965, o time inglês venceu o Corinthians por 2 a 0. Uma das curiosidades envolvendo esse jogo foi o fato de Oswaldo Brandão, mesmo sendo o treinador corintiano, não poder assinar a súmula e ficar no banco, por não ter diploma de treinador. Quem assumiu a posição foi José Teixeira.

Cinco dias depois, Riva foi convocado para um amistoso da seleção brasileira contra a Hungria, no Pacaembu. Não era simplesmente o Corinthians vestindo a camisa da CBD; era a seleção brasileira! O Brasil venceu por 5 a 3, e Rivellino entrou na segunda etapa, na vaga de Nair, da Portuguesa. A seleção naquele dia foi vítima da bagunça da CBD e teve dois jogos programados para a mesma data. O time tido como principal enfrentou a União Soviética, no Maracanã, e empatou por 2 a 2. Historicamente, esse jogo ficou marcado por ter sido a primeira transmissão de futebol da TV Globo, capitaneada pelo

Gol de Rivellino para o Corinthians, no final dos anos 60. Benê e Flávio Minuano correm para o abraço.

jornalista Teixeira Heizer. A equipe A, com Rivellino, atuou no Pacaembu e derrotou os húngaros.

Os tempos dos heróis da várzea e das peladas nas ruas de terra do Brooklin chegavam ao fim. Agora os pais do trio Roberto, Abílio e Wilma não precisavam mais se preocupar com o horário de chegada dos filhos das brincadeiras de rua. Abílio também tentou a sorte como jogador. Embora fosse um ponta-direita muito bom, quando o Corinthians contratou Garrincha, em 1966, ele decidiu que era melhor dar outro rumo à vida profissional, inclusive tendo recusado um convite do Botafogo de Ribeirão Preto. O lado futebolístico da família ficava restrito ao irmão mais novo. O pai, Nicolino, e a mãe, Olanda, passaram a lidar com situações desconhecidas. Como o assédio da imprensa, excitada com o surgimento do Garoto do Parque, como o apelidara o locutor esportivo Geraldo José de Almeida. Além das especulações sobre o futuro do filho. Ainda em 1965, a imprensa repercutiu um suposto interesse do Milan, da Itália, por Roberto. Interesse jamais confirmado. Vasco e Santos fizeram ofertas ao Corinthians, que nem sequer aceitou conversar.

A partir de 1966, Rivellino assumiria a função de meia-esquerda do Corinthians, aquela mais associada à camisa de número 10 num time de futebol. Tales, o titular da posição, não pôde atuar em uma partida em Ribeirão Preto, contra o Comercial, e Rivellino foi deslocado para sua verdadeira função, a de meia-esquerda. Tinha início um caso de amor e ódio com a maior torcida de São Paulo. Embora enfileirasse adversários e marcas impressionantes, como 165 jogos consecutivos, e vestisse a camisa 10 corintiana com o talento e a eficiência que nenhum outro jogador viria a apresentar, Rivellino, seu gênio e seu chute espetacular de perna esquerda não seriam suficientes para acabar com a tristeza da Fiel em seus anos de jejum. Ele só saberia o que é ser campeão defendendo outras cores.

Dois golaços! E a vaga no maior time do mundo

Histórias curiosas do dia em que Riva garantiu vaga no time da Copa de 1970 e de sua participação no torneio.

A seleção brasileira campeã mundial em 1970 é um dos times de futebol mais admirados de todos os tempos. Sua trajetória no Mundial do México foi contada milhões de vezes. As imagens coloridas daqueles artistas no auge de seu talento percorreram o mundo.

Mais de quarenta e cinco anos após aquela conquista mágica, muitas histórias surpreendentes seguem sendo reveladas. Como um dos protagonistas daquela caravana de craques, Rivellino guarda na memória instantes que somente os jogadores (nem todos) viveram. A própria presença dele no time titular tem detalhes que foram guardados como segredos. João Saldanha, jornalista e treinador de futebol, tinha comandado a seleção nas Eliminatórias, garantindo a classificação para a Copa do Mundo com uma dramática vitória por 1 a 0 sobre o Paraguai, num Maracanã abarrotado por 183.341 torcedores, o maior público oficial da história do estádio.

Saldanha era militante comunista e entrou numa polêmica sobre a escalação do time justamente com o presidente de plantão da ditadura militar, general Emílio Garrastazu Médici. O suficiente para que a CBD, cuja direção estava infestada de militares, optasse pela troca de comando técnico. Para o lugar do contestador Saldanha foi chamado o "patriota" Mário Jorge Lobo Zagallo, com vasta folha de serviços prestados à seleção.

50

No dia em que Zagallo foi apresentado aos jogadores, Rivellino ouviu de outro craque uma previsão que se concretizaria rapidamente e seria fundamental para sua presença no time titular da Copa. Eduardo Jonas Américo, o Edu, foi um ponta-esquerda de habilidade espetacular e técnica refinada, titular absoluto do Santos. Sob o comando de Saldanha, formava o trio de ataque titular do Brasil com Pelé e Tostão.

Sentado ao lado de Edu durante a apresentação de Zagallo, Rivellino ouviu o amigo cochichar em seu ouvido: "Estou ferrado, não vou jogar".

"Que é isso?", perguntou Riva, espantado. "Você joga com o Pelé no Santos e é titular da seleção."

"Mas no esquema de que ele [Zagallo] gosta eu não me encaixo", vaticinou Edu.

Além de amigo, Rivellino era fã do futebol de Edu, um atleta cuja habilidade produzia dribles desconcertantes e a técnica perfeita transformava cruzamentos em passes milimétricos para os atacantes. Mas Edu era ponta, jogava fixo pelo lado esquerdo do campo, invadia a área, ia até a linha de fundo. Não voltava para marcar nem fechava em direção ao meio-campo quando perdia a bola. Até porque seria um desperdício exigir de um artista daquela estirpe que marcasse.

Zagallo gostava que seus times tivessem uma reprodução do jogador que ele tinha sido nas seleções campeãs mundiais em 1958 e 1962. O falso ponta-esquerda que voltava para ajudar na marcação no meio-campo e dava suporte para a descida do lateral ou dos armadores. A desgraça tática de Edu, ironicamente, abriria caminho para Rivellino, até então reserva, na equipe titular.

Em 1968, Rivellino já era figura frequente nas convocações da seleção brasileira. Ele é o segundo da direita para a esquerda, agachado. Na turma dos agachados também estão Tostão, Jairzinho e Edu, campeões mundiais em 1970.

Com Saldanha, o Brasil jogava no sistema 4-3-3. Piazza, Gérson e Jairzinho no meio-campo; Tostão, Pelé e Edu no ataque. Zagallo era um ferrenho praticante do 4-4-2 e tinha como embaixador de seu sistema de jogo no Botafogo o infernal Paulo César Caju, forte candidato a ficar com uma das quatro vagas no meio-campo.

O Brasil especulava qual seria o time titular de Zagallo e cobrava uma solução para o desafio de escalar um time no qual jogassem todos os camisas 10 geniais em atividade naquele período: Pelé, Rivellino, Jairzinho, Gérson e Tostão. O último jogo antes do embarque para o México foi um amistoso contra a Áustria, no Maracanã, em 29 de abril de 1970.

"O Admildo Chirol, que era o supervisor da seleção, me chamou depois do treino e disse: 'Esteja pronto porque você vai jogar na ponta-esquerda", lembra Rivellino. "Naquele tempo não tinha esse negócio de chamar técnico de professor. Eu era jovem, mas tinha personalidade. Procurei o Zagallo e fui franco. Disse que eu seria prejudicado se fosse escalado como ponta-esquerda, porque jogando fixo eu não conseguiria mostrar meu futebol. Falei que precisava de liberdade para me movimentar. O Zagallo disse que não tinha problema, que se eu ajudasse um pouco a fechar o meio-campo sem a bola, teria essa liberdade. Ele queria um ataque com movimentação. Eu sabia que o Caju, que jogava muita bola, era um cara de confiança do Zagallo e que aquela seria minha oportunidade. Eu entrei como titular e joguei bem, fiz o gol da vitória por 1 a 0. No dia seguinte, as manchetes da imprensa diziam que eu viajaria como titular para a Copa", acrescenta.

O raciocínio de Rivellino não poderia ser mais preciso em relação à formação do time da Copa do Mundo. Uma rápida análise dos jogos que antecederam a viagem da delegação para o México comprova que, de fato, ele ganhou a vaga no amistoso contra a Áustria. O último jogo de Saldanha à frente da seleção foi uma vitória por 2 a 1 sobre a Argentina, em 8 de março de 1970, no Maracanã. Edu foi titular, e Paulo César Caju entrou em seu lugar. Rivellino não jogou. Zagallo estreou num amistoso contra o Chile, em 22 de março de 1970, no Morumbi. Goleada brasileira por 5 a 0. Caju foi titular, e Rivellino ficou de fora mais uma vez. Quatro dias depois, novo jogo contra o Chile; triunfo brasileiro por 2 a 1, e Rivellino entrou no lugar do então titular Paulo César. Era Caju quem aparecia como provável titular no time de Zagallo.

Outros dois amistosos vieram, contra o Paraguai e a Bulgária, no Maracanã e no Morumbi, respectivamente. Dois empates sem gols. Riva só entrou no jogo contra os búlgaros, e na vaga de Clodoaldo, um volante. Diante dos austríacos, o meia do Corinthians ganhou sua chance no time principal. Jogou bem e fez o gol da vitória aos 12 minutos do segundo tempo.

O que Riva escondeu durante quatro décadas foi uma das mais saborosas histórias de bastidores do futebol brasileiro. Após a conversa com Zagallo e a confirmação de que poderia atuar em sua posição, o jogador procurou se isolar em busca de concentração. Após o almoço no hotel, ficou alguns minutos batendo papo com outros jogadores e jornalistas. O tema principal da conversa era uma morena monumental que circulava pelo hotel e chamava a atenção de jogadores, funcionários e repórteres pelo corpo escultural e, também, pela simpatia.

55

Deitado em seu quarto, olhando para o teto, Riva havia bloqueado aquela mulher espetacular de seus pensamentos. Imaginava lances do jogo, procurava antever situações e como tentaria resolvê-las para conseguir seu lugar na equipe titular. Enquanto sonhava acordado, escutou baterem à porta. Levantou-se, verificou se havia alguém por perto e pensou: "Devo estar escutando coisas".

Voltou para os devaneios futebolísticos.

Pouco tempo depois: toc, toc, toc.

Lá foi o craque para a porta, e nada. Irritado, mandou o recado, aos berros, imaginando que fosse alguma brincadeira dos companheiros: "Porra, tem jogo daqui a pouco e vocês ficam de sacanagem! Vamos descansar!".

Precavido, Riva ficou de plantão ao lado da porta esperando nova investida dos brincalhões. Ao primeiro som, puxou a maçaneta: "Peguei você...". Mas não havia ninguém, o corredor estava deserto.

Quando ia voltar para a cama, percebeu que o ruído não vinha da porta principal, mas de outra, que dava acesso a um quarto anexo, porém estava fechada. Encostou o ouvido e escutou uma voz feminina: "Psiu. Abre, por favor!".

Quando abriu a porta, Riva quase caiu de costas. Era a morena escultural que provocava torcicolos quando passava pelo saguão do hotel. Estava hospedada no quarto ao lado e já havia avançado em direção a sua área. Como se diz no jargão do futebol, a bola estava quicando. Foi o primeiro gol de Rivellino naquela tarde histórica. Um golaço!

"Dizem que não é bom fazer sexo em dia de jogo, mas aquela situação me ajudou a relaxar, a esquecer do jogo por alguns momentos. Entrei em campo mais leve", lembra o craque, com o sorriso maroto disfarçado pelo bigode.

Mais tarde, no Maracanã, aos 12 minutos do segundo tempo, um Rivellino livre, leve e solto, jogando com a camisa 11, recebeu passe de Gérson a poucos passos da grande área austríaca. Levou a bola para o canto direito da área e tentou avançar. Desacelerou, trouxe a pelota para o pé esquerdo e bateu com o lado interno do pé; a bola fez uma curva, à meia altura. O goleiro austríaco Rettensteiner ainda tocou na pelota com a mão direita, mas o destino estava escrito – rede! Riva disparou em direção ao banco de reservas e comemorou pulando, com um soco no ar, à la Pelé. Afinal, ele tinha motivos de sobra para estar voando.

Edu viajou para o México como reserva e, como havia previsto no dia da apresentação de Zagallo, não teve espaço no esquema de jogo do treinador. Em 3 de junho de 1970, o Brasil estreou na Copa do Mundo goleando a Tchecoslováquia por 4 a 1, no estádio Jalisco, em Guadalajara. Rivellino foi escalado como titular e fez o primeiro gol do Brasil, o de empate, aos 24 minutos da etapa inicial. Seu único gol na primeira fase foi uma cobrança de falta poderosa. A potência do chute de pé esquerdo de Rivellino impressionou torcedores e jornalistas mexicanos, que criaram o apelido de Patada Atômica.

O que o futebol brasileiro proporcionou aos fãs do futebol no México foi algo que jamais será esquecido. Muitos analistas e torcedores consideram o time brasileiro de 1970 a melhor equipe da história do futebol. O desfile de craques como Carlos Alberto Torres, Gérson, Jairzinho, Tostão, Rivellino e Pelé encanta o mundo até hoje em fantásticas imagens de arquivo, em preto e branco e coloridas.

A Copa do Mundo de 1970 apresentou Rivellino para o mundo do futebol. Eram tempos em que a informação não circulava com a rapidez da era da internet. A televisão ainda era artigo de luxo, as transmissões via satélite eram caras e limitadas. O Brasil foi campeão mundial com uma campanha irrepreensível. A equipe fez três partidas no grupo 3 na primeira fase. Foram três vitórias: 4 a 1 sobre a Tchecoslováquia, 1 a 0 sobre a Inglaterra e 3 a 2 sobre a Romênia. Nas quartas de final, o time brasileiro enfrentou o Peru, cujo treinador, Waldir Pereira (o Didi), tinha sido um dos maiores jogadores do Brasil e objeto de admiração de Rivellino em sua infância. O time peruano era excelente, com craques como Gallardo e Teófilo Cubillas. O Brasil venceu por 4 a 2, e Riva marcou novamente o primeiro gol brasileiro.

O adversário do Brasil na semifinal foi o Uruguai. Vinte anos depois da derrota brasileira na final da Copa de 1950, no Rio de Janeiro, os tradicionais rivais se encontravam novamente. Foi impossível evitar que a carga dramática de duas décadas entrasse em campo com a seleção. A tensão chegou ao extremo quando Luis Cubilla fez 1 a 0 para os uruguaios, aos 19 minutos do primeiro tempo. "Claro que o jogo foi tenso, mas acho que houve uma grande sacada do Gérson naquele dia. Ele enxergava muito o jogo e percebeu que os uruguaios estavam fazendo marcação individual sobre todos os nossos jogadores ofensivos. Como o Clodoaldo jogava mais atrás, ninguém prestava muita atenção nele. O Papagaio [apelido de Gérson] disse ao Corró [apelido de Clodoaldo] para jogar na meia-esquerda que ele faria a cobertura como volante."

O resultado da observação astuta de Gérson veio aos 45 minutos do primeiro tempo. Clodoaldo, sem marcação individual, infiltrou-se pela defesa uruguaia, tabelou com Tostão e empatou o jogo. A tensão não diminuiria tão cedo, no entanto. Aos 31 minutos da etapa final, uma fantástica triangulação entre Jairzinho, Tostão e Pelé resultou no gol da virada brasileira, marcado pelo Furacão (Jairzinho). Houve sustos. Como uma cabeçada fulminante de Cubilla, que obrigou o goleiro brasileiro, Félix, a praticar uma defesa portentosa. A partida ficou marcada por um dos muitos lances geniais de Pelé. O Rei aplicou um drible de corpo espetacular no goleiro Mazurkiewicz, mas chutou para fora, numa jogada que entrou para a história do futebol. No final do jogo, Pelé ajeitou uma bola com todo o carinho para Rivellino chutar de esquerda e fechar o jogo em 3 a 1 para o Brasil.

O gol marcado contra os uruguaios foi o terceiro de Rivellino no Mundial. Ele não marcaria novamente na Copa, mas teria papel decisivo na final, contra a Itália. Foi do pé esquerdo de Riva, numa perigosa dividida com um defensor italiano, que saiu o cruzamento para o gol espetacular de Pelé, que, com impulsão de bloqueador de voleibol e cabeceio perfeito tecnicamente, abriu o caminho para o tricampeonato mundial.

As cenas capturadas pelas câmeras de TV no Estádio Azteca ao final do jogo impressionam ainda hoje. A torcida mexicana invadiu o gramado e proporcionou momentos de beatlemania para os jogadores brasileiros.

"Fui muito feliz no México. Desde os treinos, meus chutes, o gol, o meu jeito de jogar bola. Criaram aquela coisa de Patada Atômica. Mas, quando saímos do Brasil, saímos totalmente desacreditados. Ninguém imaginava o que poderia acontecer naquela

Copa. Sabíamos que o time era bom, mas não tínhamos certeza de nada. Não tinha aquele papo de 'faixa no peito', 'eu já sabia' e tudo o mais", recorda Riva.

Outro detalhe trazido pelo craque dos quase três meses de convivência em terra mexicana derruba o mito construído em torno das grandes equipes. "O grupo não era unido. Esse papo de que era uma família, isso não existe. Havia desavenças, tinha jogador que não se dava com outro jogador. O importante é que a amizade exista no campo; não é preciso ser amigo fora de campo", analisa. Um dos problemas existentes no grupo campeão em 1970 envolvia simplesmente o melhor jogador do time. "O Pelé não se dava com o Fontana. Um dia, a gente estava fazendo um treino leve, de aquecimento, e o Pelé passou perto do Fontana, brincando, e disse: 'Pô, Fontana, para fazer desse jeito é melhor não fazer'. O zagueiro não gostou e retrucou: 'Posso não fazer direito o exercício, mas pelo menos não faço panelinha'. Depois teve até reunião por causa disso, muita conversa, mas nada passou pelo campo."

Da série de jogos inesquecíveis da conquista do tricampeonato, Rivellino destaca dois jogos como os mais importantes. "Para mim, foram as partidas contra a Tchecoslováquia e a Inglaterra. Nós sabíamos que tínhamos potencial, mas não poderíamos imaginar o que aconteceria dentro de campo. Saímos perdendo contra os tchecos, gol do Petras, aí eu fiz um gol muito importante na minha vida, o de empate, e depois o Brasil atropelou. Então veio a Inglaterra, certamente o jogo mais difícil de todos. Eu joguei como meia, o Caju jogou na ponta-esquerda, jogou muito, como sempre. Mas, quando ganhamos da Inglaterra, que tinha um baita time, era campeã mundial, percebemos que poderíamos ir longe naquela Copa. Contra os ingleses, eu me machuquei sozinho, num lance com o Bobby Charlton. Voltei com uma bota de esparadrapo no segundo tempo. Naquele time, se você saísse, não voltava mais", brinca.

Um dos aspectos destacados por Rivellino para o sucesso em 1970 foi a chance de recuperação apresentada para jogadores como Gérson e Carlos Alberto, por exemplo, que participaram do fracasso do time de 1966. "Claro que existem grandes jogadores, fantásticos, que não ganharam a Copa. Mas não existe esse papo de que não faz falta. Faz, sim. Ter uma Copa do Mundo no seu currículo é outra história."

Sem contar a importância para o país, para o povo, numa época complicada da história do Brasil, e mesmo para o governo dos militares. "Nos cinco jogos que fizemos em Guadalajara, em todos, depois que a gente voltou para a concentração, eu recebi telefonemas do Médici [Emílio Garrastazu Médici, presidente da ditadura militar em 1970]. Havia muitos militares na delegação. O [major-brigadeiro] Jerônimo Bastos, que era o chefe da delegação, me chamava e dizia que o presidente queria falar comigo. Era aquele papo de sempre, 'vamos ganhar' etc. Ele falava 'parabéns', aquele papo de torcedor mesmo."

Segundo Riva, os problemas enfrentados pelo país naquele período, a violência, a tortura, a censura, nada disso foi incorporado ao dia a dia da seleção. "A gente estava lá para jogar futebol. Não havia pressão por parte do governo também. Nas conversas com o Médici, pelo menos comigo, ele nunca tocou no assunto de política. O que eu como jogador, o que a seleção poderia resolver? Na rua era uma coisa, no estádio era outra. Eu acho que não se deve misturar."

Naquele ambiente de craques espetaculares, ansiedade, pressão, havia um jogador que funcionava como catalisador, exemplo e porto seguro – o Rei Pelé. "Você imagina o Pelé, que já era o Rei, ele não tinha que provar nada pra ninguém, mas tinha saído do país com gente dizendo que era míope, não poderia jogar. A vontade que ele tinha de jogar, de treinar! A gente via o Pelé daquele jeito; era nossa grande inspiração. Ele tinha um ritual antes dos jogos. Levava a sacola dele, colocava uma toalha em cima dela, botava os pés para o alto e descansava. Aí a gente brincava e dizia para ninguém mexer com o Rei, deixar ele tranquilo. Ele era do cacete, espetacular. Já tinha vencido duas Copas e estava ali, querendo ganhar como se fosse a primeira. Puxava a fila nos treinos."

Sem contar o fato de que Riva e os outros jogadores assistiram de camarote e colaboraram com algumas das maiores jogadas da história do futebol protagonizadas pelo Rei. "A gente estava acostumado, treinava com ele, jogava, mas algumas coisas que ele fazia eram fora do comum. Aquele chute do meio do campo contra a Tchecoslováquia, o Viktor no gol. Eu ia reclamar com ele, mas quando percebi o que aconteceu com o lance, parei para ver. Tudo que ele fez está na minha cabeça, todas as jogadas, como se eu estivesse vendo agora. Mesmo ali no campo, jogando, você para e fica assistindo, torcendo. Como aquele lance contra o goleiro do Uruguai. E você pensa: 'Que porra que esse cara fez?'. O único gol dele que eu não vi foi contra a Itália, em que eu cruzei. Estava na dividida forte. Não tinha o que fazer, sabia que tinha alguém na área e cruzei. E o tempo de bola do Pelé era coisa de louco. Tem coisas que Deus deu só para o Pelé."

Claro que o nervosismo se apresentava, ainda que a blindar o time estivesse o maior jogador de todos os tempos. Dormir antes da final contra a Itália foi outro desafio. "Eu dormi, mas não foi fácil. Girava de um lado, de outro, procurava posição. A cabeça não parava de pensar no jogo. Passa filme do jogo na sua cabeça. Eu dividia o quarto com o Ado [goleiro reserva] na concentração. Era meu compadre, ajudava a aliviar a tensão. Mas a Copa do Mundo é outro papo, tudo que a envolve", recorda.

Para Rivellino, não resta dúvida: a seleção de 1970 foi o melhor time em que ele atuou. "Tomara Deus que o Brasil tenha condições de formar uma safra igual àquela. Em 1958 e 1962, se você colocar no papel jogador por jogador, o páreo é duro. Eu sempre digo que o time de 1970 ganha dos de 1958 e 1962 por causa de duas diferenças. Não teve o Zagallo em campo, a quem digo brincando que não jogou porra nenhuma, e contou com o Tostão no lugar do Vavá. Eles tinham características diferentes – o Tostão era mais técnico. Mas o time de 1970 era muito forte; a gente jogava no 4-5-1 e mudava para o 4-4-2, para o 4-3-3, tudo durante o jogo. Se a gente parar para analisar, o Barcelona do Guardiola tinha muito do Brasil de 1970. Basta lembrar o último gol contra a Itália, foi a coisa mais linda do mundo. Demos 12 ou 13 toques na bola até o gol [na verdade foram 26, a partir do instante em que Clodoaldo recebeu a bola de Tostão, que a havia recuperado na lateral esquerda do Brasil]. Aquele time de 1970 era coisa de louco. Existem pesquisas que apontam esse time como o melhor de todos, inclusive à frente do Dream Team, do basquete."

"Eu desmaiei, apaguei"

De volta ao Estádio Azteca naquele ensolarado 21 de junho de 1970, quando o alemão Rudi Gloeckner apitou o fim do jogo em que o Brasil venceu a Itália por 4 a 1, o que aconteceu? "Eu desmaiei, apaguei", lembra Rivellino, rindo. "O Mário Américo, massagista, me carregou. Só quem ganha ou quem está no campo sabe o que isso representa. Não dá para explicar."

Uma diferença marcante do século XX para a modernidade tecnológica do século XXI foi a comemoração do título. Não eram tempos de redes sociais, *selfies* e superexposição. Viajar era muito caro e complicado. "Minha família não estava lá. Só fui vê-la quando voltei ao Brasil", explica. A comemoração do time foi discreta. "O Wilson Simonal, que era nosso amigo, estava fazendo show numa boate na Cidade do México e nós fomos para lá comemorar, ficamos até umas quatro da manhã. Mas não tinha nada disso de fechar um lugar."

O que todos queriam, na verdade, era voltar para casa. "Não tinha o luxo de hoje. Ficamos um período concentrados numa universidade. Tinha até escorpião no quarto. Depois fomos para um hotel, tudo confortável, mas nada que se compare aos esquemas atuais. Além disso, havia muita preocupação, já naquela época, com a alimentação, medo de colocarem algo na água, *doping*, essas coisas."

Sobre o retorno ao Brasil, Riva guarda uma lembrança particular, que reflete as questões políticas da época e soa muito atual. "Chegamos ao Rio e teve uma baita festa, com desfile e tudo mais. Aí não tinha nada oficial programado pela CBD para São Paulo.

Esqueceram, simplesmente. Ou não quiseram fazer. Combinamos eu, Edu, Ado, Leão, Clodoaldo, Joel, Zé Maria, Baldochi e pegamos dois táxis para o aeroporto. Voltamos todos no mesmo voo, mas sem programar. Quando chegamos a São Paulo, meu Deus, o que tinha de gente esperando! Eram três caminhões dos bombeiros para nos levar. Eu e o Clodoaldo, que jogamos, acabamos botando a cara e aparecendo mais. O Pelé ficou no Rio. Passamos no Vale do Anhangabaú e tinha gente que não acabava mais", lembra.

Quando, como diz o ditado, "cai a ficha", o mundo é diferente. "Ganhar a Copa é a coisa mais linda do mundo. Ainda mais do jeito que ganhamos". O *status* de campeão mundial também muda a imagem do atleta até o fim de sua carreira. "Eu tinha minhas qualidades, não quer dizer que melhorei depois de ganhar a Copa. Mas você aprende os atalhos. Tive essa característica na minha carreira, fui um jogador de seleção. Acho que joguei mais na seleção do que nos clubes, no que se refere à qualidade", avalia. "Não quer dizer que eu tenha jogado mal nos clubes. Joguei muito no Corinthians e no Fluminense, mas na seleção eu jogava mais."

A relação de Rivellino com o time de 1970 é marcada pela nostalgia. "Eu sinto muita falta de juntar os jogadores daquele time. Imagino algo como uma reunião anual. Juntar também jogadores de outros times campeões. Mas essa seleção de 1970 merece algo diferente. Pode ser no meu sítio. Mas sinto realmente muita falta de ver o pessoal, de conversar, de lembrar tudo aquilo que nós fizemos no México. Infelizmente, nos vemos muito pouco", lamenta.

A consagração maior não impediria, no entanto, que Rivellino enfrentasse desafios, cobranças e questionamentos em sua volta ao Brasil e ao Corinthians. A Copa do Mundo não resolvia os problemas da Fiel, que amargava 16 anos sem títulos, e cobrava dele uma salvação.

Dias difíceis viriam.

COM A PALAVRA,
Tostão

"O Dorinha levou o lúdico do futebol para o jogo competitivo"

Nos tempos em que serviram juntos na academia de craques da seleção brasileira, Tostão e Rivellino se entendiam muito bem dentro e fora de campo. Tanto que o centroavante cerebral deu um apelido para o meia genial que pouca gente conhece. "Eu botei o apelido de Dorinha no Riva. Sempre sentia uma dor. Era muito sensível [rindo]. Treinava muito e sentia uma dor aqui e ali, mas sempre jogava. Ele ria e brincava de volta comigo", recorda. O detalhe está no "sempre jogava". "Era impressionante ver o Rivellino em campo. Quando a jogada terminava, eu olhava para ele e perguntava, que mágica esse cara fez?"

66

Mestre com a bola nos pés e nas palavras, o Tostão comentarista define Rivellino com propriedade. "Foi um dos maiores da história. Tinha extrema habilidade com a bola. Foi marcante para o futebol. O que ele fazia com a bola era incrível. Um grande craque, que jogava como se estivesse brincando quando era criança. Ele transportou essa coisa lúdica para dentro do jogo competitivo. Mas tinha eficiência. De nada adianta a fantasia se não tiver eficiência."

Segundo Tostão, essa brincadeira com a bola é uma das explicações para que outro gênio, Maradona, seja fã de Rivellino. "O Maradona não teve a técnica do Pelé, mas foi o máximo da fantasia. Ele deve ter ficado louco quando viu o Rivellino jogar. Encantava todo mundo", avalia. Mas sempre com objetividade. "Ele gostava de bater de curva na bola. Não fazia por deleite, para ficar mais bonito; batia por trás do zagueiro e a bola chegava ao seu pé. Era um repertório incrível, magistral."

Outro detalhe observado com olhos de analista por Tostão é a inteligência do parceiro de seleção. "A rapidez de raciocínio, o jogo de pernas. Era incrível jogar tendo o Rivellino à sua frente na seleção. Quando a bola chegava, ele já tocava. De curva, de lado, não perdia tempo. Todo mundo ficava impressionado com essa capacidade e tentava acompanhar. Chutava muito bem, tinha muita técnica, fantasia, mas também voltava para marcar."

Taticamente, Tostão, que atuou ao lado de Rivellino apenas na seleção brasileira, entende que na Copa de 1970 ele e Gérson se adaptaram perfeitamente à exigência técnica de um jogador extraclasse. "Quando o Zagallo assumiu a seleção e disse que precisava de um jogador na frente, para receber e finalizar, imaginou um centroavante, como Roberto ou Dario. Mas, para acompanhar essa coisa espetacular do Rivellino, era melhor ter um jogador mais técnico, que era o meu caso, para facilitar para ele tocar, receber. Dario e Roberto queriam receber a bola na frente, o Riva queria trocar passes, tabelar. Ele tinha raciocínio rápido, precisava de um apoio. Na Copa, ele jogou mais pela esquerda, mas vinha para o meio. Foram dois armadores, ele e o Gérson. A união de duas características fabulosas. O Gérson era da mesma posição, mas tinha outra característica, era essencialmente técnico."

Para Tostão, Rivellino seria um jogador igualmente espetacular se jogasse no século XXI. "Ele se adaptaria muito bem ao futebol de hoje. Era agressivo, chutava forte, fazia muitos gols. Também se movimentava de uma área a outra. Vinha no campo do seu time. Em 1970, se a gente perdia a bola, Clodoaldo, Gérson e Rivellino voltavam."

Sobre comparações, Tostão identifica jogadores com algumas características parecidas com as de Rivellino, mas sem todas reunidas com a mesma eficiência do amigo Dorinha. "Esse jogador de extrema habilidade ainda existe no futebol, mas é difícil encontrar um que se adapte ao jogo coletivo. O Ganso, por exemplo, é extremamente habilidoso, criativo, faz um malabarismo meio parecido, mas não tem outras qualidades que o Rivellino tinha. O Iniesta se assemelha um pouco, talvez. Mas o Rivellino era mais completo, era o máximo dessa habilidade e criatividade."

COM A PALAVRA,
Pelé

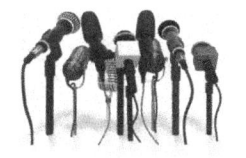

"Em 1970,
Riva foi peça-chave,
atacando e marcando"

Em meados da década de 1960, ele já era o Rei do Futebol. Deixara de ser o menino Pelé que assombrou o mundo em 1958, tinha dois títulos de Copa do Mundo e dois Mundiais de Clubes no currículo. Foi nessa época que, prestando atenção aos jogos que eram disputados nas preliminares das partidas dos grandes times, com as equipes de aspirantes, o olhar real detectou um súdito diferente. "Num desses jogos vi o Riva pela primeira vez e me chamou a atenção sua habilidade com a perna esquerda. Ele me lembrou muito meu companheiro de equipe Jair Rosa Pinto (um dos maiores jogadores do futebol brasileiro, que brilhou pela seleção brasileira, além de Vasco, Flamengo, Palmeiras, Santos e São Paulo, entre outros), que também tinha muita habilidade com a perna esquerda", recorda.

Em 1965, quando foi efetivado como jogador profissional do Corinthians, Rivellino disputou o primeiro clássico contra o

Embate de reis: o Reizinho do Parque enfrenta o Santos de Pelé. Na Copa de 1970 seriam companheiros na proclamada "maior seleção de todos os tempos".

Santos, em um período difícil para o Timão, o do tabu, quando o clube ficou 11 anos sem vencer o rival. O Corinthians vencia por 1 a 0, no Pacaembu, e no segundo tempo, Rivellino, que sentira dores no tornozelo esquerdo na primeira etapa, cometeu um pênalti em Pelé. O Rei converteu e manteve o tabu, que completava sete anos. Rivellino recorda assim esse dia, segundo o livro *Sai da rua, Roberto!*: "No intervalo, o [Oswaldo] Brandão me perguntou se dava para continuar; eu disse que sim. Depois que o Pelé marcou o gol, fiquei meio tonto; quando percebi, o Brandão estava me substituindo. Fiquei parado em campo, sem acreditar que o seu Brandão estava na beira do campo me pedindo para sair. Saí de campo e chorei muito antes de entrar no vestiário, com a torcida gritando meu nome. Depois do jogo, o Brandão veio falar comigo, expliquei que não era nada de rebeldia, era vontade de ficar em campo. Jamais faria nada para magoar o Velho Mestre".

A conexão com Pelé ficaria muito mais forte – e agradável – a partir da Copa do Mundo de 1970. "Depois que fomos convocados para a Copa, o Riva passou a estar mais próximo de mim. Eu era mais experiente e sempre estava perturbando ele, principalmente fora do campo. Nós infernizávamos a vida dos outros jogadores com várias pegadinhas. Quando o pau quebrava, eu punha a culpa nele", confessa o Rei. Riva também dava o troco, como no dia em que escondeu uma cobra de madeira no quarto de Pelé, na concentração do Brasil no México.

É da final da Copa de 1970 uma das melhores lembranças que o Rei tem daquele que era chamado de Reizinho do Parque São Jorge. "Não posso deixar de lembrar o maravilhoso papel que

72

nós fizemos juntos na Copa de 1970. O jogo que eu destacaria é Brasil e Itália – a final. O Riva, para mim, foi uma peça-chave na equipe porque jogou atacando e fazendo o papel de marcação no meio de campo."

Para Pelé, Rivellino está entre os cinco melhores jogadores da história do futebol. "É claro que ele está nessa lista! Até hoje eu cito o Riva em minhas entrevistas como um craque fora de série. Era muito habilidoso, tinha uma grande visão de jogo e também era um excelente cobrador de faltas. Pelo Santos, todas as vezes que íamos jogar contra ele, tinha um jogador especialmente escalado para marcá-lo."

Fã confesso de Pelé, seu amigo e parceiro na Copa de 1970, Rivellino ganhou um presente do Rei com que poucos podem sonhar. Sua primeira filha, Roberta, nasceu em 28 de outubro de 1971. No domingo seguinte, o calendário previa o clássico Santos × Corinthians. Riva prometeu marcar um gol em homenagem à filha. Para brincar com o amigo, Pelé também disse que faria um gol para dedicar à Roberta. Os dois balançaram as redes. "A Roberta nasceu premiada. Um gol do pai e um do Rei", brinca o Reizinho.

De Reizinho
à deposição

A dolorosa
derrota para
o Palmeiras
no Campeonato
Paulista de 1974 e a
perseguição da
torcida e da imprensa.

Rivellino vivia o céu e o inferno após a Copa de 1970. Era campeão mundial, destacando-se no maior time da história dos Mundiais. Tinha fama planetária, mas como jogador do Corinthians enfrentava a sina de ser o fiel depositário das esperanças da torcida de ver o time campeão, o que não acontecia desde 1954. Para ele próprio era um desafio; porque, como jogador de clube, Rivellino também era virgem.

"Não se trata de choradeira, mas eu só peguei time ruim no Corinthians. Era sacanagem comparar. O Palmeiras tinha um timaço, com Ademir da Guia, Dudu, Leão, Leivinha. O Santos tinha Pelé e toda aquela turma. O São Paulo vinha de Gérson, Pedro Rocha. A Portuguesa também tinha um baita time naquela época!", desabafa.

Ao voltar do México como campeão mundial, as cobranças aumentaram. O torcedor não se importava com a qualidade do time do Corinthians. O que interessava era acabar com as gozações dos rivais. Os campeonatos estaduais tinham enorme importância e, naquele tempo, o Corinthians simplesmente não podia se dar ao luxo de sonhar com um título nacional, estava fora da realidade do clube. Os sonhos corintianos estavam direcionados ao Campeonato Paulista. Mas a parada era dificílima para o Timão nos anos 1970. O Santos ainda tinha Pelé e gozava de enorme crédito pela gloriosa década de 1960. O São Paulo interrompeu o jejum de conquistas em 1970 e faturou o bi em 1971. A Academia do Palmeiras venceu em 1972. Pelé conquistou o último título pelo Santos em 1973, no campeonato em que o juiz Armando Marques assassinou a matemática e precisou fatiar o título entre Peixe e Portuguesa. Para complicar a vida do Corinthians, algumas equipes do interior eram autênticas potências.

Para mostrar como foi dura a vida de Rivellino no Corinthians, alguns números saltam dos livros de estatísticas do Campeonato Paulista para defendê-lo. Sua primeira temporada como profissional foi a de 1965. O Santos foi campeão, e o Corinthians terminou em terceiro lugar. Em 1966, deu Palmeiras, com o Corinthians em segundo. Em 1967, o Santos levou a taça, com o Corinthians em terceiro. No ano seguinte, nova conquista do Santos, com o Corinthians em segundo. O título de 1969 foi novamente para o Santos, e o Corinthians terminou em quarto lugar. Em 1970, acabou o sofrimento do São Paulo, que amargava um jejum quase tão grande quanto o corintiano (não vencia desde 1957), e o Timão terminou na quinta posição.

É verdade que Rivellino pode argumentar que deu um título ao Corinthians em 1971. Foi dele o gol da vitória por 1 a 0 sobre o Internacional, em 19 de fevereiro, na decisão do Torneio do Povo, que contou ainda com Flamengo e Atlético Mineiro. Mas, de novo, era apenas estatística, um torneio amistoso, não era um campeonato. Nas competições oficiais, a vida seguia amarga. No Paulistão, o Corinthians observou do quinto lugar a festa pelo bi do São Paulo. O Campeonato Brasileiro mudou de nome naquele ano, mas foi outro

Uma das formações do Corinthians nos anos 1970. Rivellino é o segundo agachado, da esquerda para a direita. Um craque isolado carregando a responsabilidade de acabar com o jejum da fiel torcida.

alvinegro que festejou a conquista – o Atlético Mineiro. A temporada de 1972 foi particularmente dolorida para a Fiel, que viu o arquirrival Palmeiras conquistar os títulos paulista e brasileiro e não passou da quarta posição nos torneios estadual e nacional.

Veio 1973, com a lambança de Armando Marques e o Corinthians dividindo com o Guarani o quarto lugar no Paulistão. No Brasileirão, o bi palmeirense contrastava com um humilhante décimo-quinto lugar do Corinthians. Para piorar ainda mais o astral de Rivellino, naquele ano ele sofreu a pior contusão de sua carreira. Foi numa entrada mais forte do zagueiro alagoano Paranhos, do São Paulo, durante o empate sem gols pelo Brasileirão, em 2 de dezembro. Riva caiu de mau jeito sobre o braço direito e precisou sair do jogo, sendo substituído por Nélson Lopes. Resultado: dez dias com o braço imobilizado. "Até hoje tenho um caroço no braço direito por causa daquela entrada do Paranhos."

Então, chegou 1974...

Novamente a Copa do Mundo se apresentava como oportunidade para esquecer o momento difícil no Corinthians. A seleção brasileira era campeã mundial e, apesar de não contar com Pelé e craques como Gérson, Tostão e Carlos Alberto Torres, era um time muito forte. Rivellino, Jairzinho, Piazza, Clodoaldo e Paulo César Caju estavam entre os remanescentes do time de 1970. Riva era a estrela da companhia, o jogador mais badalado do grupo brasileiro. Mas não foi apenas Pelé que fez falta em 1974; faltou harmonia. "Nosso time era muito bom, mas estava

Observado por Hélio Maffia
(esquerda) e Sebastião Araújo,
Rivellino aquece a famosa canhota
em treinamento da seleção brasileira
após a Copa do Mundo de 1974.
Maffia era o preparador físico do
treinador Oswaldo Brandão.

81

Na Copa de 1974, Riva fez três gols. Este gol de falta decidiu a partida contra a Alemanha Oriental.

rachado entre o grupo dos jogadores que eram de São Paulo e os que eram do Rio", recorda Rivellino.

Houve ainda uma mudança de rumo, além de muita confusão no período que antecedeu a Copa do Mundo. O projeto inicial do treinador Zagallo era aproveitar a base do Palmeiras, melhor time do Brasil no período, e acrescentar jogadores campeões em 1970. Mas, durante uma excursão pela África e Europa entre junho e julho de 1973, houve uma grande crise. O time não vinha jogando bem, e Zagallo promoveu algumas mudanças. A dificuldade de comunicação naqueles tempos era muito grande, e os jogadores não tinham acesso ao que era publicado e falado na imprensa brasileira, apenas escutavam relatos de seus amigos e familiares através de raros telefonemas. Após uma vitória sobre a Escócia por 1 a 0, em Glasgow, no dia 30 de junho, o clima entre os jogadores e a mídia degringolou. Havia muita insatisfação por causa de uma fotografia publicada que mostrava alguns jogadores passeando de barco na Suécia, alguns dias antes. Foi então que os atletas divulgaram o "Manifesto de Glasgow", um texto assinado por 22 jogadores (Rivellino entre eles), no qual se recusavam a dar entrevistas e acusavam parte da imprensa esportiva brasileira de ser despreparada e mal-intencionada. Havia mais de cem jornalistas brasileiros acompanhando a excursão. Embora todos os jogadores convocados tivessem assinado o manifesto, não havia consenso – muitos foram contra e alguns ficaram indiferentes. "A classe sempre foi desunida", afirma Rivellino. "Os jogadores que não tinham sido convocados criticaram muito nossa posição." Como capitão, Piazza assumiu a liderança no momento de crise.

84

Em resposta, repórteres de São Paulo decidiram que continuariam a cobrir os jogos, mas deixariam de citar o nome dos jogadores. Como atletas e jornalistas retornaram ao Brasil no mesmo voo, o clima foi tenso. Em alguns casos, quase houve confronto físico. No desembarque, no Rio, a torcida vaiou o time, e repórteres entregaram um dicionário a Piazza, numa alusão irônica ao fato de o manifesto conter erros de português em sua redação. Com o tempo, o episódio foi superado, mas gerou a divisão entre os jogadores que atuavam no Rio e em São Paulo, que contaminou o ambiente da seleção durante o Mundial.

"Eu não sabia quem era o Cruyff"

Durante a Copa, a expectativa pelo quarto título mundial desmanchou-se em uma campanha morna. "O que aconteceu em 1974 foi o seguinte: o Palmeiras estava num puta momento, tinha seis jogadores convocados. O Zagallo acreditou numa linha até uma semana antes da Copa, que era Jairzinho, Leivinha, César, eu e Caju. Esse time jogou um amistoso na Basileia (3 de junho de 1974, Brasil 5 × 2 fc Basel) uma semana antes da Copa. Aí, na estreia, entrou o Valdomiro. O Jairzinho foi de centroavante, o Piazza no meio", recorda. "No amistoso da Basileia forçaram a entrada do Corró (apelido de Clodoaldo). Ele ainda não estava recuperado de uma contusão, jogou o amistoso, sentiu a contusão de novo e foi cortado. Fiquei puto, chutei tudo no vestiário. Queriam me tirar do jogo para me poupar; mas não saí, fiquei até o fim. Foi um absurdo o que fizeram com o Corró."

85

Aos trancos e barrancos, a seleção brasileira chegou até a fase semifinal da Copa de 1974, enfrentando Argentina e Holanda num triangular. Rivellino chegou à Alemanha como a grande estrela do time brasileiro e jogou um belo Mundial. Fez três gols, nas vitórias sobre Zaire, Alemanha Oriental e Argentina. "Eu não poderia resolver nada sozinho, mas acho que joguei muito bem em 1974, dentro do que eu poderia fazer. Fiz três gols importantes." Mas a Patada Atômica de 1970 foi dominada pela Holanda e seu carrossel. A derrota por 2 a 0 refletiu o assombro que o futebol total dos holandeses, liderados pelo genial Johannes Cruyff, provocara.

"A Holanda era um puta time. Eu não conhecia e ninguém conhecia. Se a gente tivesse enfrentado a Holanda no primeiro jogo, estaríamos ferrados, como aconteceu com o Uruguai. Era um futebol totalmente diferente. Só fomos ver na Copa. Eu não sabia como eles jogavam, não conhecia o Cruyff, fui conhecer na Copa. Eu me perguntava: "Quem é esse cara? Como joga!". O time girava em torno dele. Pegaram o Ajax e adaptaram à seleção. Merecia ser campeã, apesar do grande time da Alemanha. Diziam que a Alemanha perdeu da Alemanha Oriental para não pegar o Brasil", lembra. "Mesmo assim, fizemos um bom jogo. Colocaram a partida num campo pequeno, apertado, em Hannover. Jogamos de igual para igual no primeiro tempo, perdemos duas grandes chances e, depois que a Holanda fez 1 a 0, nosso time se perdeu."

A avaliação de Rivellino, apesar da manutenção de seu prestígio individual, é de que em 1974 o Brasil foi longe demais. "Quarto lugar foi bom pra gente. Alemanha, Holanda e Polônia tinham belos times. Não adiantava apenas ter grandes jogadores.

Em 1970, treinamos dois meses com o time que jogou a Copa, em Guanajuato. Em 1974, houve uma mudança, uma aposta em jogadores que não estavam bem."

Talvez tenha faltado um toque de realeza ao time. "Dava pro Pelé ter jogado, claro. Mas houve algum problema entre ele e o Havelange, e o Rei não quis jogar." Riva recorda, ainda, de um momento de bastidores relativo à decisão do terceiro lugar, em que o Brasil perdeu para a Polônia por 1 a 0. "Chegou até nós na concentração a informação de que o Havelange tinha oferecido 10 mil dólares para cada jogador brasileiro pelo terceiro lugar. Não sei de onde veio, mas uma pessoa da organização da CBD, que hoje não lembro quem era, veio com essa informação." O brasileiro João Havelange havia sido eleito presidente da Fifa em 11 de junho de 1974, dois dias antes da abertura da Copa.

De volta ao Corinthians, esperança e decepção

A esperança se renovava entre os corintianos. Rivellino havia disputado uma bela Copa do Mundo na Alemanha. Era hora de jogar mais um Paulistão. O cartão de visitas do Reizinho do Parque para a temporada tinha sido um gol-relâmpago, marcado aos 5 segundos de jogo na vitória por 5 a 0 sobre o América de Rio Preto, em 4 de agosto. Riva viu o goleiro Pirangi adiantado e chutou pouco adiante do meio-campo. O time corintiano era inegavelmente mais forte que o de outras temporadas.

Havia 14 equipes na disputa e o regulamento era simples. Se o mesmo time vencesse os dois turnos, seria declarado campeão. Se houvesse um vitorioso em cada turno, haveria uma decisão entre eles. Ao vencer o São Paulo por 1 a 0, no dia 9 de outubro, o Corinthians garantiu o título do primeiro turno.

Aí ocorreu um erro de estratégia, como muitos jogadores daquele grupo reconheceram posteriormente. Em vez de seguir forte em busca do título do segundo turno e, consequentemente, do campeonato, o Corinthians optou por levar o time titular para uma temporada de treinos na estância de Águas de Lindoia e jogou algumas partidas com uma equipe alternativa. Isso abriu terreno para que o Palmeiras conquistasse o segundo turno e assegurasse sua presença na grande final, em duas partidas.

Dois aspectos foram determinantes naquela decisão histórica. O primeiro envolvia a diferença de condição psicológica das equipes. O Palmeiras vinha de colecionar título em cima de título. Bicampeão brasileiro. Um time frio, calculista. O Corinthians acumulava 20 anos sem títulos, a tensão era palpável e ameaçava a esperança de novamente vencer o rival, contra quem tinha sido campeão em 1954. Mas o fator principal foi que Oswaldo Brandão, treinador campeão em 1954, tinha mudado de lado, estava agora no banco do Palmeiras.

"Não tenho nada contra o Sylvio Pirillo (treinador do Corinthians naquela decisão); mas tenho certeza de que, se o Brandão fosse o nosso treinador, o Corinthians teria sido campeão. Ele era danado nessas horas, conhecia todos os truques", avalia Rivellino.

Na primeira partida, em 18 de dezembro, empate por um gol, no Pacaembu, com o Corinthians se impondo na base da velocidade e mostrando que poderia superar o rival, de jogo mais

88

cadenciado. O jogo final foi marcado para o dia 22 e houve muita polêmica sobre o local. O gramado do Morumbi tinha sido reformado e não estava nas melhores condições. Havia chovido muito durante a semana. O Corinthians queria jogar no Pacaembu, mas no sábado antes da decisão houve uma reunião, em pleno gramado do Morumbi, com dirigentes da Federação e dos clubes. Optou-se pelo Morumbi. O que apenas Brandão sabia é que um dia antes ele havia enviado seu preparador físico, Hélio Maffia, ao estádio do São Paulo, com um pedido especial para seu amigo Gino Orlando, administrador do Morumbi: molhar bastante o campo para deixá-lo o mais encharcado e "pesado" possível.

O jogo foi marcado pela superioridade da cadência do Palmeiras, que venceu por 1 a 0, gol de Ronaldo. Luís Pereira venceu o duelo particular na marcação sobre Rivellino. Marcador implacável, o zagueiro palmeirense destaca como era difícil jogar contra Rivellino: "Ele era um mago da bola, com seus dribles espetaculares e o potente chute direto. Não teve a sorte necessária no Corinthians, mas era um jogador difícil de bloquear por seus arremates espetaculares." As imagens da transmissão em preto e branco daquela final registram um momento emblemático, pouco antes do gol de Ronaldo. Após uma dividida dura, que os corintianos afirmam ter sido falta e os palmeirenses não, um enlameado Rivellino se levantou e viu Luís Pereira passar a mão em sua cabeça, como se fosse possível traduzir a superioridade alviverde sem deixar de admitir a qualidade do melhor atleta rival. O reconhecimento dos adversários não servia de consolo para o craque corintiano. "Fiquei tão atordoado depois daquele jogo que fui andando do Morumbi até minha casa, que ficava do outro lado do rio Pinheiros, debaixo de chuva. Muita gente ficava olhando para mim na rua e não acreditava que era eu." Ao lado do craque, sob a chuva paulistana, estavam seu pai, Nicolino, e o irmão, Abílio. "No primeiro jogo da final de 1974, o Roberto jogou muita bola. Também jogou muito no segundo jogo. O que meu irmão mais queria era ser campeão pelo Corinthians. Acontece que o Palmeiras tinha um puta time. O Corinthians, time por time, não tinha condição nenhuma de ganhar do Palmeiras", afirma Abílio.

A derrota para o maior rival na decisão do Campeonato Paulista desencadeou uma onda de revolta entre os corintianos. Enquanto os vencedores comemoravam, os derrotados e uma parcela considerável da mídia buscavam um culpado. Sobrou para Rivellino. Ele era o craque do Corinthians, o jogador de quem a torcida mais esperava.

Os últimos dias de 1974 foram dos mais complicados na carreira do Reizinho do Parque. A ira da Fiel voltou-se contra o ídolo gerado nas categorias de base, consagrado ainda nos tempos de aspirante. Era como se ele fosse um traidor da causa corintiana. Rivellino tem certeza de que foi transformado em bode expiatório por causa de uma reportagem levada ao ar pela Rádio Bandeirantes. "Foi uma matéria tendenciosa, maldosa, feita pelo repórter Jota Hawilla. Ele entrevistava torcedores corintianos dizendo que, enquanto eu estava milionário com o futebol, eles sofriam com a falta de títulos."

Quarenta anos após o episódio, Jota Hawilla, um bem-sucedido empresário de marketing esportivo, reconheceu o erro. "Foi marcante na minha carreira, porque exagerei nas críticas. Isso aconteceu mais vezes na minha atuação com outros personagens do futebol. Com ele [Rivellino], peguei muito pesado porque o Corinthians e toda sua torcida esperavam muito dele por ser a estrela do time. Mas ele estava num dia muito ruim e o time perdeu para o Palmeiras por 1 a 0. Descarreguei a culpa nele, responsabilizando-o pela derrota, mas passei do ponto por ser jovem, empolgado e agressivo." O empresário, inclusive, confessa seu arrependimento. "A Rádio Bandeirantes naquela época tinha mais audiência que a TV Globo. Qualquer comentário gerava imensa repercussão. Eu me arrependi justamente porque passei do ponto. Reconheci isso porque, mais amadurecido, entendi que ele, pelo histórico que tinha como craque, não merecia ser crucificado daquela forma."

O pedido de desculpas e a reaproximação entre Rivellino e Hawilla foram habilmente costurados pelo apresentador Fausto Silva, o Faustão, repórter de campo em 1974, colega de profissão de Hawilla e amigo de Rivellino. Décadas mais tarde, já consagrado como apresentador de TV, Faustão criou suas famosas pizzadas, eventos nos quais reúne amigos e celebridades em sua casa, em São Paulo, e deu um jeito de convidar Hawilla e Rivellino para a mesma noite. Hawilla aproveitou um momento em que Riva ficou sozinho em uma das muitas salas da casa de Faustão, aproximou-se e pediu desculpas. "Fui injusto, e isso sempre me incomodou. Sempre agi assim. Nunca somos donos absolutos da verdade. Quando se erra, a parte prejudicada merece pedido de desculpas", explicou Hawilla. Não foi o suficiente para brotar uma amizade, mas o reconhecimento representou um alívio para ambos os envolvidos na polêmica, crítico e criticado.

Rivellino sempre conviveu com o desconforto de ser condenado por um crime que não cometeu. Embora tenha marcado 144 gols com a camisa corintiana, conquistado alguns torneios amistosos e participado do jogo em que o Corinthians acabou com o tabu de 11 anos sem vencer o Santos, em 1968, o craque sabe que faltou algo. "Deus sabe o que fiz para ser campeão pelo Corinthians, mas não consegui", desabafa.

Com o tempo, Rivellino e Corinthians se reaproximaram, e o clube tratou de homenagear oficialmente um de seus maiores jogadores. Em 2013, lançou um terceiro uniforme na cor azul, numa referência ao jogo de estreia de Riva pela seleção brasileira, uma derrota por 2 a 0 para o Arsenal, em 1965, quando o Corinthians vestiu a camiseta azul da CBF, representando o Brasil. Em 2014, o time criou nova camisa em homenagem a Rivellino, numa referência ao time de 1971. A camisa inverte a ordem tradicional das cores do uniforme listrado, alternando branco e negro, mas com espaço maior para a cor branca, como era a camisa daquela época.

Também em 2014, o Corinthians inaugurou um busto de Rivellino na sede do Parque São Jorge. "Reparamos uma injustiça muito grande feita em 1974, quando em um esporte coletivo se debitou o revés a uma única pessoa. Rivellino foi o único jogador do Corinthians que jogou a Copa das Copas (referindo-se a 1970), na seleção das seleções, como titular, graças a sua genialidade. Fizemos a reparação do desagravo feito naquela época, reconhecendo todo o amor e carinho com a eternização do busto no jardim do Parque São Jorge", discursou o presidente corintiano à época, Mário Gobbi. "É muito gratificante receber uma homenagem em vida.

Eu acho que fui um dos únicos que nasceu aqui e foi campeão do mundo nesses mais de 100 anos. Aprendi a ser corintiano de coração, sei que fiz tudo que pude, nas minhas limitações, para esse clube e estou sendo eternizado como uma forma de agradecimento pela minha passagem", respondeu Riva, sem conter as lágrimas.

Mas antes de ter o reconhecimento, embora tardio, dos corintianos, Rivellino precisou buscar sua redenção. Ele sabia que ainda tinha muito futebol para jogar. E foi em busca do sol.

COM A PALAVRA,
Neto

"Messi e Cristiano Ronaldo
não limpam a chuteira
do Rivellino"

O futebol tem histórias e coincidências que muitas vezes parecem ter saído da cabeça dos mais talentosos roteiristas de Hollywood ou da Broadway. Uma delas envolve aqueles que seguramente estão entre os maiores camisas 10 de um dos mais importantes times do Brasil. Ambos canhotos, de personalidade e chute fortes. Ambos rejeitados de alguma forma pelo maior rival antes de brilharem.

93

Roberto Rivellino deixou o Corinthians sem títulos e, ainda assim, é considerado por muitos analistas e torcedores o maior jogador da história do clube. Antes, ainda juvenil, fora desprezado em um teste no maior rival corintiano, o Palmeiras. Depois dele, o Corinthians teve grandes camisas 10, como Zenon; mas foi José Ferreira Neto quem fez reviver a mística do camisa 10 canhoto, genial e genioso no Timão. Ele foi envolvido numa troca exatamente com o Palmeiras. O Verdão ficou com Ribamar, que sumiu, ninguém sabe, ninguém viu. Neto foi para o Corinthians e transformou-se no Xodó da Fiel, levando o clube a seu primeiro título nacional, em 1990.

"Apesar de eu não ter visto o Rivellino jogar, ele foi uma referência para mim. A referência do cara que jogava bola profissionalmente como se estivesse na várzea, que brigava com todo mundo, que explodia quando tinha que explodir, que era expulso quando não podia ser expulso. Um cara que foi rejeitado pelo Corinthians e é o maior ídolo da história do clube sem ter um título por ele", explica Neto.

Atualmente comentarista de prestígio na TV, Neto lembra com memória de fã do dia em que conheceu Rivellino pessoalmente. "Quando cheguei perto dele, falei assim: 'Nossa, como você é pequenininho! Eu sou maior que você! Mas você é um monstro!'. Basta lembrar que o Maradona falou que, para ele, o maior jogador de todos os tempos é o Rivellino. Eu já joguei bola com o Rivellino, recentemente. Mesmo aposentado, já com certa idade, ele bate na bola como se fosse uma criança brincando com um *videogame*."

Polêmico, Neto pisa em terreno minado ao avaliar a qualidade do ídolo. "Para falar a verdade, depois do Pelé, não sei se tem um jogador melhor do que o Rivellino. Se ele jogasse hoje, ganharia dez Bolas de Ouro. Messi e Cristiano Ronaldo não servem para limpar a chuteira do Rivellino!"

Segundo Neto, Rivellino não foi referência somente para ele, mas para muitos outros meias que jogaram com a camisa 10, canhotos ou destros, que atuaram nos anos 1970 e 1980. "Se você perguntar para Dicá, Zenon, Aílton Lira, Pita, todos esses caras vão dizer que a referência deles foi o Rivellino." Novamente, o aspecto lúdico do futebol é apontado como um dos segredos da magia do Reizinho do Parque. "Pelo que vi dos vídeos do Rivellino, ele jogava futebol como se jogava na calçada, na rua sem asfalto de casa, batendo de três dedos. Ele olhava para um lado e botava a bola do outro."

Além de ter herdado a camisa 10 que Rivellino eternizou no Corinthians, Neto teve uma honra reservada para poucos. Quando chegou ao Parque São Jorge, ficou com o armário que era utilizado pelo ídolo. "O senhor Paulo, que foi roupeiro do Corinthians por uns 50 anos, deu o armário do Rivellino para mim. Pouca gente sabe, mas eu tenho todas as fichas, toda a documentação do Rivellino no Corinthians, guardadas em casa. Isso tudo estava lá, jogado no armário dele. Quando ele não treinou porque estava contundido, quando ficou gripado etc. Isso estava largado lá no Corinthians."

Com o tempo, uma amizade surgiu entre o Reizinho do Parque e o Xodó da Fiel. "Eu nasci em 1966. Então, como corintiano, os jogadores que tive como referência quando criança foram Russo, Luciano, Givanildo, Geraldão. Mas depois fiquei amigo do Rivellino, dos filhos dele. Ele foi um tipo de jogador que está em extinção. Não existe mais. O futebol está muito ruim. Acho que só agora o Rivellino está tendo noção de tudo o que ele foi como jogador e ídolo."

Havia vida do outro lado da ponte aérea

A redescoberta
do prazer
de jogar futebol
na Máquina
Tricolor.

A sensação deve ser parecida com a de um passageiro que embarca num voo da ponte aérea em São Paulo, numa manhã fria e cinzenta, emoldurada em concreto, e desembarca 40 minutos depois no Rio, com o sol destacando aquela paisagem espetacular. Foi mais ou menos isso que sentiu Roberto Rivellino quando trocou o Corinthians pelo Fluminense, em 1975. "No Rio é mais descontraído, mais alegre. Tem crítica, cobrança, mas não é como em São Paulo. O carioca vai para o estádio brincando; o paulistano já sai de casa nervoso, vai para o jogo pensando em brigar", comenta o craque, analisando a mudança décadas mais tarde.

Claro que há uma boa dose de exagero na análise de Rivellino. Mas ela faz sentido para quem viveu o que ele viveu. Depois de nove anos jogando pelo Corinthians, elevado ao patamar de ídolo, tinha sido praticamente escorraçado do clube por torcida, dirigen-

De Reizinho do Parque a Príncipe das Laranjeiras na Máquina Tricolor: com a camisa do Fluminense, Rivellino conquistaria seu primeiro título em um clube.

tes e imprensa. Quem veio em seu socorro foi um dos mais inteligentes e revolucionários dirigentes do futebol brasileiro – Francisco Horta, advogado, magistrado, intelectual, recém-eleito presidente do Fluminense em 1975, pensava o futebol como um todo, como um espetáculo. Queria que seu time ganhasse, obviamente, mas entendia que os adversários também precisariam estar fortes para que os campeonatos fossem mais atraentes e rentáveis. Foi de sua postura visionária que surgiram ideias como reeditar os famosos troca-trocas, nos quais os clubes do Rio intercambiavam jogadores ao final de uma temporada para criar atrativos visando ao próximo ano. A primeira ideia de Horta para sacudir o Fluminense e o futebol carioca foi buscar Rivellino em São Paulo. Pagou ao Corinthians 3 milhões de cruzeiros novos, o equivalente a cerca de 6,7 milhões de reais. Uma ninharia para um jogador como Rivellino, principalmente se o valor for comparado ao inflacionado mercado do futebol no século XXI, que paga dez vezes mais por jogadores que produzem cem vezes menos.

"O Horta apareceu um dia na minha casa, em São Paulo, trazendo rosas, com aquele papo todo especial dele. Era período de férias no futebol, não tinha jogo, então o noticiário estava todo em cima de mim e da derrota do Corinthians na final de 1974. Eu tomava porrada de tudo quanto era lado", recorda Riva. "Ele me fez uma oferta muito boa. Nada parecido com os contratos milionários de hoje, mas era um bom negócio. Até porque naquele período nenhum clube veio me procurar, só o Fluminense."

Segundo ele, o Corinthians facilitou sua saída. "O Vicente Matheus [presidente] deixou a coisa rolar. A bomba toda estourou

100

em cima de mim. Os jogadores também não se manifestaram em minha defesa. Ficou um clima difícil. Eu não custei nada para o Corinthians e tinha direito de receber 15% do valor do negócio (fazia parte das regras econômicas do futebol naquele tempo que os jogadores recebessem 15% do valor total da venda de seu passe quando negociados com outro clube). O Matheus deu entrevistas dizendo que era um absurdo premiar o Rivellino com os 15%. Eu abri mão e falei para ele fazer bom proveito. Era o momento de sair."

Pelé havia deixado o futebol em 1974 (voltaria a jogar nos Estados Unidos, logo depois) e Rivellino era o melhor e mais famoso jogador do Brasil naquele momento. Sua contratação causou furor. Ele foi apresentado com outro reforço contratado por Horta, o ponta-esquerda Mário Sérgio. Revelado pelo Flamengo, o irreverente atacante estava fazendo sucesso no Vitória, da Bahia. Para a estreia de Rivellino, Francisco Horta convidou o Corinthians e marcou a partida para 8 de fevereiro de 1975, um sábado de Carnaval. O senso comum indicava que era uma loucura marcar uma partida de futebol em pleno Carnaval carioca. No entanto, mais de 40 mil torcedores foram ao Maracanã e viram o Fluminense atropelar o Corinthians por 4 a 1, com três gols de Rivellino. "O Horta era um fenômeno. Tinha muita gente no Maracanã. Ele armou uma festa, com desfile da Mangueira, que tem as cores parecidas com as do Fluminense. Era como se fosse minha estreia como jogador, e fiz tudo para devolver o carinho que o torcedor do Fluminense me deu."

Rivellino devolveu, e com sobras. Sem essas frescuras modernas, comemorou os três gols marcados. "Foi difícil jogar contra o

Corinthians, mas coloquei o lado profissional em campo. Só porque ia jogar contra o meu antigo time não comemoraria? Tinha que respeitar onde eu estava, o meu torcedor. Joguei, fiz três gols no meu time do coração, mas vibrei do mesmo jeito, sem desrespeito."

Começava a ser montada a Máquina Tricolor. A engrenagem trazia remanescentes do título carioca de 1973, como Félix, Toninho, Marco Antônio, Manfrini e Kléber Bequinha. Para turbinar o funcionamento, além de Rivellino e Mário Sérgio, Horta contratou o volante Zé Mário, do Vasco, e repatriou Paulo César Lima, o Caju, que estava no Olympique de Marselha, na França. A energia era gerada por garotos bons de bola revelados nas Laranjeiras, como Edinho, Carlos Alberto Pintinho, Marquinhos, Abel, Zé Roberto e Herivelton.

A chegada de Rivellino, Caju e Mário Sérgio causou furor na mídia esportiva carioca e nos torcedores. Mas até que o novo time do Fluminense fosse transformado na Máquina houve problemas. Ciúme de jogador de futebol pode, muitas vezes, ser pior que o de mulher traída. Toda a badalação em torno das estrelas contratadas por Francisco Horta gerou uma revolta silenciosa entre os garotos revelados na base do Fluminense. Eles haviam participado da preparação para a temporada de 1975, fazendo amistosos contra equipes do interior do Rio de Janeiro e de São Paulo. Foram bem, esperavam receber a oportunidade de jogar o estadual quando retornassem ao Rio. Mas Horta não tinha acompanhado o time na pré-temporada.

"No ônibus da volta, em meio à euforia por uma série de bons resultados, lemos no *Jornal dos sports* que o presidente Horta, que havia ficado no Rio e não nos viu atuar, tinha resolvido montar um supertime. No meu caso, como ponta-esquerda, deu vontade de ficar na parada em Itatiaia. Ele contratou os três melhores do país, Rivellino, Paulo César Caju e Mário Sérgio, e trouxe o Zé Mário para tomar o lugar do Pintinho", recorda o ponta-esquerda Zé Roberto, um dos garotos que se consideraram traídos pela ousadia do presidente tricolor.

O teste inicial do novo time do Fluminense seria na Taça Guanabara, o primeiro turno do Campeonato Carioca. Havia um racha no grupo. As estrelas entrariam em campo, e a molecada, no banco de reservas, encontrou uma estratégia para protestar. "Irritados e inexperientes, voltamos para o banco, que já era conhecido como poltrona, e começamos, em toda a Taça Guanabara, a ironizar aqueles que roubaram a nossa oportunidade. Rivellino, pela idade [28 anos] e já campeão do mundo, não podia errar um só passe. Como ele não errava, implicávamos com o fato de ele não marcar ninguém", lembra Zé Roberto.

Apesar da revolta do Banguzinho (o jocoso apelido com que os jogadores dos times titulares costumavam se referir aos times reservas nos treinamentos), o Flu, ainda sem Paulo César Caju, conquistou o título da Taça Guanabara batendo o América por 1 a 0 na decisão, em 21 de abril de 1975, no Maracanã. Era a primeira taça de Rivellino como atleta profissional de um clube. Ele, que conquistara a Copa do Mundo de 1970 com o Brasil, ainda não tinha experimentado a sensação de ser campeão por um clube. Rivellino encarou com absoluta seriedade a Taça Guanabara de 1975, mesmo já sendo um craque reconhecido mundialmente. O Fluminense chegou até a decisão tendo perdido apenas um jogo, para o Vasco. A final contra o América foi duríssima, decidida apenas no segundo tempo da prorrogação, com um gol justamente de Rivellino, em cobrança de falta. Ele saiu comemorando, ensandecido. Nem parecia um jogador consagrado, campeão do mundo. "A Taça Guanabara é muito valorizada no Rio, mas ainda não era um título completo", pondera Riva.

A insatisfação dos jovens jogadores barrados pelos craques contratados a peso de ouro continuava. Mas coube à magia que emanava do pé esquerdo de Rivellino transformar em admiração as críticas que brotavam das línguas afiadas dos reservas. Foi um daqueles momentos especiais do futebol que permanecem intocados na memória de um espectador privilegiado do lance. O calendário marcava o dia 1º de junho de 1975; o Maracanã recebia o clássico Fluminense × Vasco. Com a palavra, Zé Roberto, um dos revoltados do banco de reservas:

"Veio o jogo contra o Vasco. Lembro como se fosse hoje: nós, os jovens corneteiros, sentados no banco do lado direito das tribunas, e ele, com a bola dominada, diante do cabeça de área vascaíno, o Alcir. Rivellino parou, e o Alcir o encarou. Naquele tempo, dava para parar a bola e ensaiar uma obra de arte. De tão surreal a cena, por segundos nos calamos também. E o Maracanã emudeceu junto. Num gesto inusitado, Riva conduziu a bola pela parte externa do seu tornozelo em direção à esquerda e, num movimento rápido, com a ponta dos pés, trouxe a bola de volta. Esta, caprichosamente, encontrou um espaço entre as pernas do Alcir. Ainda estávamos estupefatos – estádio, corneteiros, Alcir e toda a defesa do Vasco – quando Rivellino aproveitou o movimento da bola, arrancou para dentro da área, deixou para trás o quarto-zagueiro Renê, de passagem, e entrou na cara do gol. Pela direita, já ao lado da pequena área, só encontrou o goleiro Andrada fechando 95% do seu lado esquerdo e se preparando para saltar para o lado óbvio, o direito, totalmente escancarado. E Rivellino bateu com sua canhota nos 5% restantes, no contrapé. A bola, como um pincel de Renoir, entrou entre o pé esquerdo de Andrada e a trave, e ele saiu para comemorar um dos mais belos gols que o nosso futebol já produziu. Olhamos, os ex-corneteiros, uns para os outros, completamente sem graça, e tomamos, naquele momento mágico, ao vivo, uma lição para o resto de nossas vidas."

O drible aplicado por Rivellino, que desconcertou Alcir, um marcador dos melhores, excelente jogador, foi aprendido com Sérgio Echigo, o Japonês, companheiro de Riva no time de aspirantes do Corinthians. A execução, mais do que a vitória sobre o Vasco, apaziguou o elenco e inaugurou uma nova era para o Fluminense. O elástico passou a ser objeto de desejo dos jovens fãs do elenco tricolor. Todos tentavam imitar o drible, ora usando cones nos treinamentos nas Laranjeiras, ora secretamente, nas noites de concentração, com cadeiras fazendo o papel de Alcir. Ninguém conseguiu repetir a obra de arte.

Pouco tempo depois, em 10 de junho de 1975, Paulo César Caju estreou pelo Fluminense, num amistoso contra o poderoso Bayern de Munique, base da seleção alemã campeã mundial em 1974. Era um teste internacional para a potência da Máquina Tricolor. O Flu venceu o time de Beckenbauer e cia. por 1 a 0, com gol contra do atacante Gerd Muller, artilhei-

No banco do Fluminense, com o ponta-esquerda Zé Roberto, que brincava imitando o bigode. Com seu talento, Rivellino transformou a revolta dos jovens jogadores do Fluminense em pura idolatria.

ro da Copa do Mundo. A jogada começou com um lance magistral de Rivellino, que praticamente sambou com a bola nos pés diante de dois marcadores alemães, passando do pé direito para o esquerdo e lançando Kléber Bequinha. Ele chutou para o gol e a bola desviou em Muller antes de entrar. Delírio entre os mais de 60 mil torcedores que foram ao Maracanã.

Após a partida, Francisco Horta ofereceu uma festa para as delegações de Fluminense e Bayern numa das mais famosas casas noturnas do Rio àquele tempo, pilotada pelo empresário da noite Chico Recarey. Houve um jantar seguido por show da cantora Maria Alcina. "O Rivellino não teve sossego. Os jogadores do Bayern ficavam em volta dele o tempo todo, como se fossem fãs. E havia vários jogadores que tinham acabado de conquistar a Copa do Mundo, todos famosos. Mas o interesse deles era no Rivellino. Saímos da boate por volta das seis horas da manhã, com os alemães pedindo autógrafos e tirando fotografias com o Riva", recorda o ex-presidente tricolor.

O Fluminense sonhado por Francisco Horta rapidamente se transformava em realidade. O torneio carioca de 1975 foi disputado em três turnos, com um triangular final entre os vencedores de cada etapa – Fluminense, Botafogo e Vasco. Em 10 de agosto, o Fluminense goleou o Vasco por 4 a 1. Três dias depois, o Vasco venceu o Botafogo por 2 a 0. O último jogo reuniu Botafogo e Fluminense, no dia 18. A vitória botafoguense por 1 a 0 não foi suficiente para tirar o título do Fluminense, que levou a melhor no saldo de gols.

Quando o árbitro Arnaldo Cezar Coelho apitou o fim do jogo, Rivellino ajoelhou-se no meio do gramado e desandou a chorar. "Não fui campeão em São Paulo, mas fui no Rio. Saiu a pressão. Na época do Corinthians, eu falei uma coisa que era uma loucura. Falei que trocaria um título mundial pelo paulista, tamanha era a pressão, uma coisa absurda. Eu perguntava para mim mesmo: 'Será que não vou ser campeão?'. Fui logo no primeiro ano no Fluminense. Foi o meu momento."

Os tempos cinzentos de São Paulo, dos times ruins do Corinthians no período de jejum, estavam sendo substituídos por uma era de sol, praia, uma grande equipe, Maracanã lotado e conquistas. "Tudo era diferente. Pela circunstância, foi maravilhoso. Abracei o Fluminense. No momento mais difícil da minha vida, foi o clube que acreditou em mim; e eu me doei como me doava no Corinthians", conta o craque.

A pressão que existia em São Paulo deu lugar a uma vida mais tranquila para ele, que levou a família para o Rio. Mas havia alguns obstáculos a serem superados. "No começo sofri com o calor. Eu treinava e sentava em frente a um ventilador após o treino, para parar de transpirar. Peguei um verão muito quente. Morava num apartamento que tinha ar-condicionado para tudo quanto é lado."

Embora tivesse sido contratado pelo Fluminense, Rivellino foi bem recebido por todos os torcedores cariocas. O clima de rivalidade com São Paulo ajudou nesse sentido. Era como se os cariocas tivessem tirado um pouco da força do futebol paulista. "Tinha folga na segunda, eu ia para a praia na Barra com as crianças. No Rio, o pessoal não enchia o saco, não parava a gente. Eles reconheciam, mas levavam numa boa. Claro que sempre tinha cara que passava e provocava, falava: 'Ô Mengo!', 'Ô Bota!',

'Ô Vasco!'. Era brincando. Eles sempre viam artistas na rua, na praia, por causa da TV Globo, estavam acostumados. Não tinha assédio, era muito pouco."

A adaptação de Rivellino ao Fluminense foi acelerada por dois aspectos fundamentais: a qualidade do time e o apoio dos dois treinadores que passaram pelo Fluminense em 1975. O primeiro foi Waldir Pereira, o Didi, um dos grandes gênios do futebol brasileiro e, também, um dos ídolos de Rivellino. Depois chegou Paulo Emílio, bom de conversa, inteligente e adepto do futebol bem jogado.

"Eu era fã do Didi, ele era fantástico, um cara muito legal. O estilo do Fluminense em 1975 tinha muito do Didi. Ele dizia que o time funcionava por compartimentos – defesa, meio e ataque. Conversava e treinava separadamente com os jogadores de cada compartimento. Falava para a gente não ter pressa e tocar a bola. O Didi dizia que o futebol não é pressa, que o gol tem que sair naturalmente. O time pegou isso dele", recorda Rivellino. "Uma vez fomos fazer um amistoso em Goiânia contra o Atlético Goianiense. Quinze minutos de jogo e estava 3 a 0 pra gente; os caras não tinham tocado na bola. Eles pediam pelo amor de Deus para a gente parar de tocar."

Em sua temporada carioca, Rivellino teve no irreverente Mário Sérgio um de seus melhores amigos e parceiros. Além de grande jogador, Mário Sérgio era gozador inveterado e adorava pregar peças em companheiros, diretores, treinadores. É dessa época uma das melhores histórias de bastidores do futebol, que envolve o grande Didi.

110

"O Mário sacaneava todo mundo e tentou aprontar uma com o Didi durante um treino que é muito comum. O jogador toca a bola para o técnico, que ajeita, e o atleta vem e chuta a gol. Treino de finalização. O Mário chegou perto de mim e disse: 'Vou foder esse velho. Ele diz que jogou pra caralho, vamos ver se é verdade'. Mas o Didi já tinha sacado. O Mário meteu uma bola de rosca, com efeito. O Didi tirou, ajeitou e devolveu para ele. O Mário passou por mim bravo: 'Que filho da puta esse velho!'. Na terceira, o Didi arrumou e virou para o Mário: 'Vai cansar, hein, garoto!'", conta Rivellino, às gargalhadas.

Até hoje Rivellino ri das brincadeiras de Mário Sérgio. Principalmente porque sempre era poupado pelo colega de time. "A gente era muito parceiro, e ele me preservava. Uma vez convidou todo mundo para comer uma feijoada na casa dele. Era uma casa bonita, com um jardim grande. Antes de servirem a comida, ele chegou para mim e disse: 'Orelha [apelido de Rivellino], você só come do prato que eu der para você'. Eu sabia que vinha sacanagem. O Mário colocou laxante na feijoada. Teve gente correndo para o jardim ou fazendo ali mesmo, na sala. Uma loucura!"

O temperamento forte de Mário Sérgio encurtou sua passagem pelo Fluminense, apesar do apoio de Rivellino. Mário não gostou da contratação de Paulo César Caju, achou que perderia espaço no time e ficou incomodado com os rumores de que seria envolvido em um dos famosos troca-trocas de Francisco Horta. "Após um jogo, o Horta entrou no vestiário para parabenizar os jogadores, e o Mário empurrou o presidente para debaixo do chuveiro." Mário Sérgio não sabia que antes de o presidente do

111

clube sair ensopado do vestiário, Rivellino tinha tentado inter-
ceder pelo companheiro. "Eu tinha ido até a sala do Horta. Fui
entrando direto, achando que eu tinha moral. Ele me mandou
pedir desculpas, sair, bater e pedir para entrar. Falei que o Mário
era um baita jogador, que não queria sair. O Horta me ouviu. Aí
quando ele entra no vestiário é empurrado para o chuveiro pelo
Mário. Não teve jeito, ele entrou no troca-troca com o Botafogo",
conta Rivellino. Mário Sérgio e Manfrini foram para o Botafogo,
que cedeu Dirceu para o Fluminense.

Completamente adaptado ao Rio, Rivellino passou a curtir
tudo de bom que a cidade oferecia, beneficiado pelo momento
iluminado do time. "Eu conheci o Antônio Porto, da Rádio Globo.
Ele era tricolor, ficou muito meu amigo. Eu, Manfrini e Wendell,
depois dos jogos, íamos para o Fiorentina, tomávamos um chope
antes de ir para casa. Quando era aniversário de alguém do time,
todo mundo ia para um restaurante na praia do Pepino. O Abe-
lão [Abel Braga, atualmente treinador], o Assis, a gente levava a
cerveja no isopor. Geralmente o time treinava só pela manhã e a
tarde a gente tinha livre, jogava baralho, batia papo."

Em campo, o que tinha sido muito bom em 1975 ficou
ótimo no ano seguinte. A Máquina Tricolor foi azeitada e seguiu
encantando o público carioca. Com a fusão dos estados da Guanabara e do Rio de Janeiro em 1974, houve alterações também
na burocracia do futebol. A Federação Carioca de Futebol deu
lugar à Federação de Futebol do Estado do Rio de Janeiro, e algumas equipes do interior fluminense foram incorporadas ao
novo Campeonato Estadual. A tática do troca-troca promovida

por Francisco Horta agitava imprensa e torcedores e reforçava os quatro grandes do Rio, criando um clima amplamente favorável. Tanto que o Estadual de 1976 ficou marcado na memória dos torcedores como o de recordes de bilheteria.

Após três turnos e uma repescagem, chegaram ao quadrangular final Fluminense, América, Vasco e Botafogo. O Flu venceu o América por 2 a 0 e empatou sem gols com o Botafogo, classificando-se para os dois jogos finais contra o Vasco. Houve empate por 2 a 2 no primeiro e, na partida decisiva, o Fluminense venceu por 1 a 0, com gol marcado pelo centroavante argentino Doval aos 13 minutos do segundo tempo da prorrogação. Mais de 250 mil pessoas compareceram ao Maracanã nos dois jogos decisivos. O Flu estabelecia o domínio da Máquina Tricolor e tornava-se o primeiro campeão da Federação de Futebol do Estado do Rio de Janeiro.

Por uma dessas coincidências da vida – e do futebol –, o treinador do Fluminense, em 1976, era Mário Travaglini, pivô do episódio em que Rivellino sentiu-se desprezado pelo Palmeiras em um teste. Travaglini assumiu o comando da equipe poucas rodadas antes do quadrangular decisivo e fez os ajustes necessários para a conquista do terceiro turno e da vaga na etapa final. Calmo, de fala mansa, ele ganhou a confiança dos jogadores ao não alterar a comissão técnica, da qual fazia parte um jovem assistente chamado Carlos Alberto Parreira. "O Travaglini era meu amigo; mas de futebol ele não falava comigo, porque não sabia porra nenhuma", brinca Riva.

"O jogo do time de 1975 era diferente, era mais bonito, de toque de bola. Em 1975, o time era o que já existia no Fluminense, e chegamos eu, Caju e Mário Sérgio. Em 1976, vieram Renato [goleiro], Carlos Alberto Torres, Miguel, Rodrigues Neto, Doval e Dirceu. Era praticamente todo mundo jogador de seleção brasileira, e o Doval, da seleção argentina. Esse time de 1976 jogava mais rápido, a gente preparava as jogadas para o Doval definir."

O camisa 9 Doval era um caso à parte para o maestro da camisa 10. "Eu tinha problemas com o Doval apenas dentro de campo, porque fora ele era parceiro para caramba. Era questão de característica de jogo, de entendimento. Eu ameaçava tocar e ele corria. Era jogador mais para receber, não para tocar, fazer uma tabela. A gente o botava numa situação para ele decidir. Era como o Flávio Minuano, que jogou comigo no Corinthians. Com ele e com o Doval, se você passasse uma bola muito limpa, eles chutavam no céu. Isso sem contar que o gringo sempre enrolava na língua, de propósito, para ninguém entender direito o que ele queria", diverte-se.

Até pela amizade que tinha com Manfrini, que conhecia dos tempos do Clube Atlético Indiano, na juventude, Riva se entendia melhor com ele em campo no time de 1975. "Quando eu cheguei em 1975, o Manfra estava meio encostado, pra baixo, e eu fui logo perguntando por ele. Era um jogador muito inteligente, começou a treinar bem e entrou no time. Dava meio toque na bola e saía para receber, ele já sabia o que eu ia fazer. Tinha dias em que eu não estava bem no jogo, aí o Manfrini metia um gol e eu acordava."

Mas o grande parceiro de Rivellino no Fluminense, dentro de campo, foi o ponta-direita Gil. Parceria que se repetiu com sucesso na seleção brasileira. "O Gil era inteligentíssimo, ele pensava junto comigo. Eu pegava na bola e ele já entrava em diagonal

114

em velocidade. Quantos gols fizemos assim! Ele era muito bom, tanto que foi para a seleção brasileira depois que saiu do Fluminense para o Botafogo."

A Máquina Tricolor entrou para a história em duas temporadas mágicas e jamais será esquecida pelos amantes do bom futebol. Mas para o símbolo maior daquela etapa gloriosa ficou um gosto amargo na trajetória brilhante daqueles times formados em 1975 e 1976, cuja qualidade ecoou até 1978. "A gente merecia um título brasileiro. Batemos na trave dois anos. Um contra o Inter, outro contra o Corinthians. Pelo que jogava, nosso time merecia."

Uma das batidas na trave foi em 1975. Em jogo único pela semifinal, o Fluminense recebeu o Internacional, no Maracanã, em 7 de dezembro. "Tivemos chance e não decidimos; eles venceram o jogo", resume Rivellino. O Inter, que tinha um timaço, calou um Maracanã lotado por 97 mil torcedores e venceu por 2 a 0, abrindo caminho para a conquista do título nacional, sobre o Cruzeiro.

A segunda batida na trave aconteceu justamente contra o Corinthians, no episódio que passou para a história do futebol como a Invasão Corintiana. Em 5 de dezembro de 1976, Fluminense e Corinthians se enfrentaram pelo jogo único da semifinal do Campeonato Brasileiro, no Maracanã. O favoritismo era todo da Máquina Tricolor. Sempre interessado no espetáculo e acreditando no potencial de seu time, o presidente do Flu, Francisco Horta, decidiu convidar a torcida do Corinthians para ir ao Maracanã. "Eu disse: 'Presidente, não mexe com eles. Deixe os corintianos quietos que eles vão invadir a nossa praia'. Eu não esperava tanto, mas eu conhecia a Fiel. A invasão foi do cacete", recorda o craque ligado aos dois times.

Não há consenso nem número definitivo sobre a Invasão Corintiana. Há quem fale em 70 mil paulistas no Maracanã, outras fontes apontam 30 mil. Mas as imagens de arquivo das emissoras de TV e as fotografias de jornais da época, qualquer que seja o número, são impressionantes. Na pior das hipóteses, a torcida corintiana dividiu as arquibancadas do Maracanã com a massa tricolor. "A movimentação que a torcida do Corinthians fez no Rio em 1976 e no Mundial do Japão em 2012, só em tempo de guerra. Tinha muito corintiano nas ruas do Rio. Apesar de também ter muito vascaíno, flamenguista e botafoguense infiltrado. Eles não queriam que o Fluminense ganhasse. Mas ver o Maracanã dividido daquele jeito pelas torcidas dos dois times em que joguei no Brasil foi uma coisa linda", afirma Riva.

A energia das arquibancadas pode até ter influenciado, mas as coisas não funcionaram para o Fluminense dentro de campo. O time carioca saiu na frente, com um gol de Pintinho. Ruço empatou para o Corinthians, e o jogo foi para a prorrogação e, depois, para os pênaltis. "No segundo tempo, começou a chover muito forte, e eu falei para o Capita [apelido de Carlos Alberto Torres, capitão da seleção brasileira em 1970, que jogava pelo Fluminense naquele dia] que não dava para continuar o jogo", recorda Rivellino. Mas o jogo continuou e o Corinthians levou a melhor nos pênaltis, passando para a decisão do Brasileiro, etapa em que seria derrotado pelo Internacional.

116

"O Inter era mais time que o Corinthians", analisa Rivellino, muitos anos depois. "Mas mesmo sem ter vencido o Brasileiro, nosso time é lembrado como se tivesse sido o campeão. Onde o Fluminense jogasse, quebrava os recordes de público."

A passagem de Roberto Rivellino pelo Fluminense elevou o clube a outro patamar. Embora já fosse um gigante em termos de história e conquistas, o Flu definitivamente se popularizou com a presença do Reizinho do Parque, transformado em Príncipe das Laranjeiras. A fama e o prestígio de Rivellino deram dinheiro ao clube e melhoraram a vida dos companheiros de time e funcionários da instituição.

Após a conquista do Torneio de Paris, em 1976, quando o Flu derrotou na final um combinado de craques europeus por 3 a 1, o elenco voltou ao Brasil num clima ruim, porque parte dos jogadores não tinha recebido o bicho (prêmio por vitórias e conquistas no futebol). Milan Mijnanic, treinador iugoslavo (nasceu em Bitola, cidade da Macedônia, então anexada à Iugoslávia, e faleceu em 2012) que teve passagem marcante pelo Real Madrid nos anos 1970, encantou-se com o futebol de Rivellino ao vê-lo atuar pelo Fluminense no Torneio de Paris. O treinador convenceu os dirigentes do Real Madrid a oferecer 1 milhão de dólares pelo passe de Rivellino ao Fluminense, mas o presidente Francisco Horta rejeitou a proposta.

Com os cofres vazios, a direção do Fluminense aceitou dois convites para amistosos em Mossoró, no Rio Grande do Norte, e Juazeiro do Norte, no Ceará. Uma parte da viagem seria de ônibus. "Eu falei que não iria, estava cansado da excur-

117

são pela Europa, queria ficar em casa uns dias. Além do mais, os jogos eram no meio do Campeonato Brasileiro", lembra Rivellino. "Alguns jogadores vieram falar comigo, dizendo que os amistosos eram para pagar o bicho deles e que o Fluminense só receberia as cotas se eu jogasse. Eu não sabia que tinha gente sem receber, aí fui viajar. O Fluminense até convidou meu pai para chefiar a delegação para ajudar a me convencer." Ele admite que ajudou a garantir o bicho para funcionários do clube e interferiu para que o Fluminense liberasse o goleiro Lula para retornar ao Náutico, mas nega ter sido fundamental para mudar o clube e seus atletas de patamar. "Eu não percebia isso. Eu sou simples, tinha um cara na minha frente que era o Pelé. Ele dormia no chão se precisasse. Era o Pelé, o Rei do Futebol, e eu tinha esse exemplo. Eu só queria condição boa para todo mundo. Uma vez, no Flu, aconteceu uma situação. Eu não gostava de ficar em quarto de hotel sem janela; aí briguei para ficar num quarto com janela. Só isso."

Fato é que Rivellino cativou o Fluminense e foi cativado pelo clube. Mais do que isso, em 2002, uma enquete realizada entre torcedores do clube apontou que para 33% deles Rivellino era o maior jogador da história do Tricolor das Laranjeiras. "Foi coisa de louco ser escolhido o melhor da história do Flu. Sempre me identifiquei com o povo carioca. O meu estilo de jogo combinava muito com o carioca, de driblar, de fazer gol. Em 1970, o carioca me queria na seleção, e eu era de São Paulo. Tinha essa liga. Nunca esperava essa homenagem. Joguei pouco no Flu, quatro anos. Essa enquete mexeu muito comigo; não esperava tanto

118

pelo pouco tempo que passei no clube." Em outubro de 2002, o Fluminense homenageou Rivellino com uma placa referente à escolha dos torcedores no estádio das Laranjeiras.

Muito dessa conexão está relacionada ao ex-presidente Francisco Horta, que foi quem colocou o Fluminense na vida de Rivellino. Nasceu uma amizade entre eles. "Sempre que vou ao Rio de Janeiro, o Horta vai me pegar no aeroporto. Uma vez ele me levou até a casa do Nelson Rodrigues para conhecê-lo. Foi maravilhoso estar na casa do Nelson, um grande escritor que é um símbolo do Fluminense." Horta mantém em sua casa uma espécie de museu sobre Rivellino. Ele guarda a camisa da estreia do craque, contra o Corinthians, entre outras relíquias.

O Fluminense, com toda sua grandeza e história, jamais teve outro camisa 10 como Rivellino. Quem talvez tenha se aproximado de Riva em termos de idolatria e impacto junto ao torcedor foi Assis. Embora jogasse com a camisa 10, Benedito de Assis da Silva, falecido em 2014, aos 61 anos, vítima de doença renal crônica, não era um camisa 10 clássico, mas sim um atacante de passadas largas e presença de área, que formou, com o também falecido Washington, o histórico Casal 20, uma das mais queridas duplas de atacantes do tricolor carioca. Assis carregou a mística da camisa 10 do Flu nos anos 1980, inclusive na conquista do título brasileiro de 1984.

Meia canhoto com rara habilidade no trato da pelota, o Flu só foi reencontrar num argentino – Darío Conca. Mas, embora ele tenha atuado com a camisa 10 em times da Argentina, sua presença no Fluminense foi destacada com a camisa número 11.

COM A PALAVRA,
Zé Roberto

"Um elástico para a vida"

Quando chegou ao Fluminense, cheio de fama, vindo do Corinthians, consagrado na seleção brasileira, Rivellino provocou a ira e a inveja de jovens jogadores que estavam subindo das categorias de base para o time principal. Entre eles, um ponta-esquerda de boa técnica e muita disposição tática – José Roberto Lopes Padilha, o Zé Roberto.

"Mas tudo mudou a partir do momento em que ele aplicou aquele maravilhoso drible do elástico no Alcir, num Fluminense × Vasco que entrou para a história do futebol", destaca Zé Roberto, parceiro de Rivellino em memoráveis jornadas pela Máquina Tricolor. "Mudou porque ele, Roberto Rivellino, o Reizinho do Parque que se tornou o Príncipe das Laranjeiras, assumiu o leme das nossas carreiras. Não teve mais excursão de ônibus. Passamos para o mundo dos voos internacionais e hotéis cinco estrelas. Fomos campeões cariocas e nossa equipe entrou para a história como a Máquina Tricolor."

Jornalista e escritor, observador inspirado do futebol, Zé Roberto credita a Rivellino uma mudança no rumo das carreiras de todos os outros jogadores que atuaram pela Máquina. "Quando deixamos o Fluminense, anos depois, cada um buscando seu destino, aprendemos a respeitar aquele cidadão experiente, que desembarca no seu trabalho, é contratado por sua capacidade e que não vem tomar o seu lugar. Porque ninguém toma o lugar de ninguém. Como Rivellino, os mais sábios, experientes e competentes que assumem nossa repartição, não devem ser subestimados ou questionados pelos aspirantes ao cargo que se julgam a bola da vez." Segundo ele, jogadores e pessoas com o nível de excelência profissional de Rivellino são referências. "Precisam ser fonte de consultas, sugados seus conhecimentos para que, quando a oportunidade surgir, estejamos preparados para assumir o nosso espaço, construir uma carreira com dignidade e competência."

A magia do elástico transformou Rivellino de usurpador de sonhos em ídolo. "Aquele elástico, desferido num sábado à noitinha, há quase 40 anos, levou o ciúme acumulado e trouxe o orgulho estampado. Carregou mágoas, inveja, ressentimentos e trouxe de volta uma magia e o respeito que passamos a ter por nossos mestres, nossos ídolos, para o resto das nossas vidas. Rivellino foi para minha geração um mestre, um gênio e será para sempre o nosso grande ídolo."

As cartas do inimigo

O adversário
que jogava duro,
mas era
fã declarado.

Seria normal que um jogador com o estilo irreverente e agressivo de Rivellino colecionasse não apenas admiradores, mas também inimigos. Em especial os marcadores, humilhados pelos dribles desconcertantes e o toque de bola refinado. Foram muitos os que caçaram Rivellino em campo, apelando para faltas desleais, entradas criminosas e uma série de ameaças. Malandro, esperto, Riva sabia como se defender. Tinha um arsenal de cotoveladas, o tempo perfeito do revide e usava como poucos o próprio corpo para se defender.

Com o tempo, muitos dos chamados inimigos se transformaram em amigos. Um deles manteve uma relação especial – e até certo ponto improvável – com Rivellino. Em campo, o escocês Billy Bremner foi o que no futebol se convencionou chamar de carrapato. Marcador chato, daqueles que não perdem viagem, chutam por trás, puxam, beliscam; mas também sabia jogar, tinha boa técnica e foi um nome importante da seleção da Escócia. Bremner e Rivellino se encontraram algumas vezes dentro de campo e sempre saiu faísca. O mais conhecido desses encontros pode ser visto em imagens de arquivo da

124

Copa do Mundo de 1974, no empate sem gols entre Brasil e Escócia, pela primeira fase, em 18 de junho. Bremner e os escoceses deram muito trabalho ao goleiro brasileiro Emerson Leão, que evitou a derrota com grandes defesas. Bremner, inclusive, perdeu um gol daqueles que os narradores modernos chamariam de inacreditáveis.

Para os curiosos e estatísticos de plantão, embora tenha sido eliminada na etapa inicial da Copa de 1974, a Escócia deixou o Mundial da Alemanha invicta, tornando-se a primeira seleção a deixar uma Copa sem perder (sofreu apenas um gol naquela edição).

Mas voltemos ao duelo Riva × Billy.

"Tive muitos problemas com o Billy naquele jogo contra a Escócia. Em certo momento, eu estava arrancando com a bola, ele vinha correndo atrás de mim e me deu um soco na nuca. Eu parei na frente dele e fiz um gesto com a mão, como se estivesse perguntando se ele estava louco. Aí ele levou o rosto dele contra a minha mão, como se eu o tivesse agredido. Ele queria cavar a minha expulsão", recorda Riva.

O juiz do jogo, o holandês Van Gemmert, não caiu na cilada de Bremner, e ele e Riva continuaram em campo, colecionando provocações. "O Billy era tinhoso, chegava junto, entrava duro, mas não era um cara maldoso. E sabia jogar, era um bom jogador", analisa o brasileiro.

O destino e o calendário do futebol colocaram Rivellino e Billy Bremner frente a frente mais uma vez. Foi na final do

125

Torneio de Paris, quando a Máquina do Fluminense enfrentou um combinado europeu, chamado pela mídia de Chuteiras de Ouro. Rivellino era a grande estrela do Flu, e Bremner um dos volantes do time europeu. "O que eu fiz com ele [Bremner] aquele dia! Joguei demais", conta o brasileiro, recordando a vitória carioca por 3 a 1. Mesmo sem ter feito gol naquele dia, Riva foi saudado pela imprensa francesa como o melhor jogador do mundo, além de colecionar seu terceiro triunfo em quatro duelos contra Bremner.

Alguns meses depois, uma grande surpresa aguardava Rivellino em sua casa, em São Paulo – uma carta escrita pelo tinhoso marcador escocês. "Era uma carta curta, dizendo que ele não guardava nenhuma mágoa dos jogos que fizemos, que o que acontecia dentro de campo era uma coisa e fora de campo era outra história. Ele também me parabenizou pelo grande jogo que fiz em Paris e disse que me admirava muito como jogador."

Bremner foi o que se convencionou chamar de jogador-problema. Uma espécie de Almir Pernambuquinho ou Edmundo escocês. Alternava momentos de doçura com outros de pura ira. Em 1974, ele e o craque inglês Kevin Keegan se envolveram numa briga durante uma partida beneficente entre Liverpool e Leeds United que ficou famosa no futebol inglês. Ambos foram multados em 500 libras e suspensos por 11 rodadas.

126

Os caminhos de Riva e Bremner não voltaram a se cruzar, a não ser pelas missivas – houve uma resposta de Riva e outras cartas do escocês. Bremner também trabalhou como treinador após se aposentar como atleta. Ele morreu em 1997, aos 54 anos. "Que Deus o tenha em bom lugar, porque era uma pessoa fantástica, dentro e fora de campo. A atitude dele de me escrever uma carta para dizer o quanto me admirava foi maravilhosa. Não tive o prazer de jogar com ele, mas conheci um jogador fantástico."

"Só tem um jogador de quem não gosto"

Muitos marcadores e apenas um desafeto.

A cena está gravada na memória de uma geração de torcedores. Maracanã ainda no formato antigo (o mais bonito, com a geral e as cadeiras azuis), jogo noturno, as históricas camisas de Brasil e Uruguai. Jogo pegado, catimbado, como quase sempre é um Brasil e Uruguai. De repente, ao final da partida, uma correria. O lateral uruguaio Sergio Ramirez sai feito um louco atrás de Rivellino. O lateral brasileiro Orlando Lelé persegue Ramirez. Riva corre em direção ao túnel que dá acesso ao vestiário do Maracanã, escorrega e desce sem controle. Orlando e o goleiro Jairo alcançam Ramirez, e o gramado vira ringue, em uma das mais famosas brigas do futebol sul-americano.

A pancadaria ocorrida em 28 de abril de 1976, quando o Brasil venceu o Uruguai por 2 a 1, pela Taça do Atlântico, poderia ter gerado revolta e uma eterna inimizade entre Rivellino e Ramirez, que fixou residência no Brasil, atuando pelo Flamengo e pelo Sport e também como treinador. Mas tudo ficou resolvido sem mágoas ou promessas de troco. O "culpado" pela pancadaria, segundo Ramirez, foi Zico. "Eu tive que parar o Zico. Dei no meio dele. Anos depois, ele me falou que eu quase o matei, e a

Com a camisa canarinho, Rivellino
acumula histórias de vitórias, derrotas,
alegrias, tristezas, brincadeiras e até
brigas. Com ela ganhou fama mundial
e admiração de colegas de profissão.

gente se divertia com isso. O Nil Chagas estava na sobra. Ele veio andando, se agachou e deu um chute no Zico. Formou-se aquele bolo de gente, empurrões, discussão. O Revetria estava atrás de mim e bateu no Rivellino por baixo das minhas pernas. Ele achou que fui eu e revidou, dando um soco na minha cara. Comecei a sangrar na boca. Era falta para o Brasil. Formamos a barreira. E o sangue escorrendo. O Marco Antônio bateu na trave. Eu saí logo para puxar o contra-ataque, mas o árbitro encerrou o jogo. Eu já estava lamentando a derrota quando olho para o lado e vejo o Rivellino. Tinha 24 anos, cheio de hormônio, adrenalina. Lembrei-me da agressão e saí correndo atrás dele", recordou Ramirez, em entrevista concedida ao Globoesporte.com, em 2011.

Em 1977, Ramirez foi contratado pelo Flamengo. Riva estava no Fluminense. Eles se reencontraram, e Ramirez, que na adolescência colecionava figurinhas do craque brasileiro, se entendeu com o antigo desafeto. "Eu pedi desculpas para ele, disse que era romântico, que gostava de bolero, de violão. Ele me respondeu dizendo que adorava passarinhos. Nos abraçamos, foi tudo muito legal. Depois, no Fla-Flu seguinte, fomos recebidos por duas mulatas gigantescas com buquês de flores para selar a paz. Tudo na base da alegria. Quando eu saía para marcar o Riva, ouvia os gritos da geral: 'Pega ele, pega ele'. A gente achava graça. Hoje me arrependo muito daquilo. Não é meu cartão de visitas."

Rivellino também não guarda mágoas. "Os caras sacaneavam a gente, ficavam provocando, mas o Ramirez é muito gente boa. Ele tinha um bar em Curitiba, fui uma vez lá. Foi coisa do jogo, de cabeça quente, e passou."

132

O que não passou para Rivellino foi a decepção com um jogador em particular. Que nem adversário era, pois jogaram juntos no Corinthians. "Só tem um jogador de quem eu não gosto no futebol. É o Vaguinho. Com esse aí eu nunca fui com os cornos." O motivo, segundo Rivellino, está relacionado ao que aconteceu em sua estreia pelo Fluminense, justamente contra o Corinthians, no Maracanã, em 1975. "Durante o jogo, Adãozinho (falecido meia do Corinthians) chegou para mim e disse: 'Pô, Riva, o outro [Vaguinho] veio me falar para a gente dar porrada em você'. Eu disse para o Adão, 'deixa ele para mim, deixa ele chegar'. Pena que o Adão infelizmente já faleceu e não pode assinar embaixo", revela Rivellino, sem disfarçar a mágoa. "Tem muito jogador que não gosta de mim, mas eu só não gosto do Vaguinho", desabafa.

Uma aventura na Arábia

"Rivo" e o futebol na terra dos príncipes e das tempestades de areia.

A pesar do sucesso no Fluminense, de ter comandado a Máquina, após a disputa da Copa do Mundo de 1978, Rivellino percebeu que o tempo, como sempre faz com os atletas, começava a jogar contra. "Depois da Copa, voltei para o Brasil com um problema no tornozelo direito. Aí apareceu um príncipe maluco no Fluminense dizendo que queria me levar para a Arábia. Eu sabia que na minha idade, ficando no Brasil, se jogasse mal dois, três jogos, começariam a dizer que eu estava acabado. Eu tinha bola ainda para jogar mais um ou dois anos no Brasil, mas não queria passar por isso. A proposta foi boa, as crianças estudariam em escola americana. Então, topei", conta Riva.

O topei, na verdade, foi bem mais complicado do que a simplicidade da palavra sugere. O tal príncipe maluco chamava-se Khaled bin Al Saud e foi o responsável pelo projeto de popularização do futebol na Arábia Saudita. Para convencer Rivellino a jogar pelo Al Hilal, o príncipe destacou um amigo radicado no Brasil, o bilionário Alfredo Saad, para ajudar nos contatos e marcar reuniões. Os valores envolvidos nas negociações do futebol nos anos 1970 seriam motivo de riso para os craques multimilionários da atualidade. Segundo números divulgados na época, o contrato de

Riva é o segundo da esquerda
para a direita nesta foto que
registra a época da contratação
pelo Al Hilal, da Arábia Saudita.
A transferência exigiu uma
negociação complicada e cheia de
entraves burocráticos.

Rivellino girava em torno de 700 mil dólares (o que era uma quantia importante no período) mais algumas regalias como casa, carro, gasolina paga e escola para os filhos.

O Fluminense também receberia 700 mil dólares pelo passe do astro. Mas, no caso do clube carioca, receber era força de expressão. Tudo funcionou razoavelmente bem para Rivellino (não sem algumas pressões e cobranças em cima dos árabes, que em alguns casos liberavam o dinheiro apenas para acesso em bancos em seu país), mas o Flu suou para receber sua parte, em parcelas. Foi preciso a intervenção do Banco Central do Brasil e houve momentos de puro pastelão, como dirigentes tricolores invadindo a mansão do bilionário Saad para cobrar uma parcela atrasada, enquanto se discutia uma possível contratação do treinador Cláudio Coutinho.

Após algumas viagens de Concorde a Paris e escalas rumo à Arábia, Riva e Maísa, sua esposa à época, encontraram uma casa e escola ideais para as crianças. A família foi engrossada pela presença do cunhado do craque, Haroldo Gazola, que ajudava com o inglês, e uma cozinheira da família, que caprichava no feijão, dona Ana Maria.

Rivellino sabia que futebolisticamente estava dando um passo atrás em termos de competitividade e desempenho. Mas era hora de pensar também no futuro da família. "Claro que o tempo na Arábia foi ruim em termos de futebol, de qualidade. Mas não é como hoje, que o jogador faz um contrato e está com a vida resolvida. Os números eram totalmente diferentes. Sempre tive tudo bem controlado, meu pai e meu irmão me ajudaram. Como experiência de vida, foi do cacete. Principalmente para as crianças. Era para eu ficar apenas um ano e fiquei mais dois. A Roberta estudou dois anos na escola americana, aprendeu inglês, hoje fala quatro idiomas. Os moleques [Márcio e Rodrigo] falam inglês. Nesse aspecto foi tudo muito positivo."

Em campo, Riva foi o embaixador de uma nova era no futebol saudita. Algo como o que Pelé representou para o *soccer* nos Estados Unidos. "Eu respeito meus contratos e me adaptei muito bem, fui muito feliz profissionalmente. Até hoje dizem que fui o maior estrangeiro que jogou lá, em todos os aspectos. Eles se referem a mim como Rivo. Não conseguiam falar Riva de jeito nenhum", recorda.

A adaptação a um futebol praticamente amador e a um clima inóspito, no entanto, foi complicada. "É uma vida muito diferente da nossa no Brasil. Tem que respeitar os hábitos e costumes dos sauditas. Não é fácil. Eu não fazia nada a não ser treinar e jogar. E é muito quente! Dormia tarde para levantar mais tarde, porque treinavam três times em um único estádio. Sempre das 18 horas em diante, os times se revezando, cada dia um começava primeiro."

A vida social se resumia à família e a alguns poucos amigos. "Tinha os brasileiros que trabalhavam nas obras da empreiteira Mendes Júnior. Eu ia muito ao escritório deles bater papo, eles conseguiam alguns jornais do Brasil. Começaram a abrir os restaurantes no país naquele tempo, mas não era hábito na Arábia sair para jantar, não tinha essa facilidade. Era tudo em casa. Fiz amizade com um italiano chamado Antonio, a gente ia à casa um do outro. Lembro que ele morava num *trailer*, e a gente ficava lá batendo papo. Eu ficava dez meses na Arábia, viajava pouco. Uma vez fui a um amistoso no Kuwait e outra nos Emirados. Jogava o campeonato e a Copa do Rei. No primeiro ano, ganhamos a Copa do Rei e fomos vice no campeonato. No ano seguinte, inverteu."

139

Como estrangeiro e, acima de tudo, celebridade, Rivellino e sua família gozavam de privilégios inacessíveis ao povo saudita, mas que faziam parte do dia a dia da realeza. Uma das novidades tecnológicas daquele período, final dos anos 1970 e início dos 1980, era o videocassete. Como só havia um canal na TV saudita, o do governo, Rivellino valeu-se da amizade com um príncipe, que era importador de artigos eletrônicos, para conseguir um aparelho e assistir a sucessos do cinema da época, como *Tubarão*, jogos de futebol e lutas de boxe de Cassius Clay, que ainda não havia mudado o nome para Muhammad Ali. Os brinquedos das crianças também eram importados pelo príncipe amigo e chegavam dos Estados Unidos, Japão e Alemanha.

Dentro de campo, Rivellino deitava e rolava. Se já era ponto fora da curva em países de tradição futebolística e Copas do Mundo, diante de atletas quase amadores era covardia. Poucas vezes em sua carreira ele fez tantos gols de falta. Os gramados eram sintéticos, a bola quicava muito, transformando seus chutes venenosos no terror dos goleiros. A comunicação era um capítulo à parte. Com pouca técnica, os jogadores sauditas apostavam na correria, e Riva – ou Rivo – aprendeu rapidamente uma palavra para segurar o ímpeto dos companheiros. "Eu gritava 'Shuê, Shuê', que é devagar em árabe."

Houve problemas, é claro. Entre eles, uma suspensão de cinco meses, por causa de uma briga, em 1981. Foi numa partida contra o Al Ittihad, de Jeddah. Irritado com a marcação violenta de um adversário, Rivellino deu o troco entrando forte em uma dividida, no primeiro tempo. O adversário foi à forra na segunda etapa. O brasileiro não teve dúvidas, saiu em uma corrida maluca atrás do inimigo, com a bola rolando, até encontrá-lo e a pancadaria começar. As imagens de Riva em desabalada carreira enquanto o jogo se desenrolava são encontradas na internet, mas as da pancadaria foram censuradas pela TV saudita.

O grande parceiro de Rivellino dentro de campo foi o tunisiano Nejib Liman, com quem fez uma dupla inspirada no Al Hilal. Liman era um atacante habilidoso e veloz, que se entendeu rapidamente com Rivellino e defendeu a seleção da Tunísia que terminou em nono lugar na Copa de 1978, na Argentina. Até hoje eles mantêm contato regularmente.

A dificuldade de comunicação e as diferenças culturais impediram que muitas amizades fossem construídas no período. "O inglês deles era pior que o meu. Não tinha muita comunicação. Conversava mais com o Zagallo, que era o técnico, e o pessoal da comissão que era brasileiro também. Não tinha aquele papo de vestiário. Os árabes não se trocam na frente de outras pessoas, os hábitos eram muito diferentes. Em Riad, eu chegava, almoçava, descansava. Em dia de jogo, chegava uma hora antes, jogava e voltava para casa." Um susto ao menos ele trouxe na bagagem: as tempestades de areia do deserto. "Uma vez estávamos nos aquecendo para treinar e, de repente, escureceu tudo. Só deu para entender um tradutor dizendo para a gente deitar no chão e cobrir o rosto. O barulho é assustador, você não vê nada e a areia chega a cortar o corpo."

A grande polêmica que marcou a passagem de Rivellino pelo futebol árabe envolve sua saída do país. Muito se especulou sobre os motivos que o levaram a voltar para o Brasil. Duas versões ganharam a mídia e até hoje circulam como rumores, negados pelo

141

personagem principal da história. Uma delas dizia que Rivellino teria assediado uma das mulheres do príncipe; a outra, que o príncipe teria assediado a esposa de Rivellino. Uma terceira versão ainda pregava que durante um jogo Riva teria chutado uma bola de propósito em direção ao rei saudita, que estava na tribuna.

"Foram jornalistas que inventaram esse papo. O que aconteceu foi que, quando acabou meu contrato, vim embora. Eles queriam renovar, eu falei: 'Chega! Agradeço, três anos são suficientes'. Diziam que o príncipe queria comprar minha ex-mulher, que chutei a bola no rei. O que eu fiz? Dei um bico para o alto. Só se fosse mágico para acertar o rei. Falaram que meu passe ficou preso. Como pode? O passe era do clube. Foi uma palhaçada o que disseram. Eu simplesmente não queria mais jogar bola. Até tinha condição de jogar, mas não queria mais." Um dos jornalistas acusados de espalhar os boatos, segundo Riva, teria sido João Saldanha, por pura gozação. Mas nunca se comprovou de onde partiu a história. "O pior é que diziam que eu tive que sair fugido da Arábia. Como vou sair fugido? Meu passaporte tem que ser carimbado pelo príncipe para sair do país. Quando inauguraram o Estádio do Rei, em Riad, com aquelas tendas de ouro, fui convidado de honra. O príncipe soube dessa história toda e me disse que, se eu tivesse pedido, teria me dado o passe na hora. Ele, inclusive, já esteve na minha escolinha de futebol em São Paulo", esclarece Rivellino.

Irmão, parceiro de todas as horas e conselheiro em termos de carreira, Abílio corrobora a versão. "O príncipe ofereceu o que o Roberto quisesse para ficar, até poço de petróleo", lembra, rindo. "Mas ele queria retornar ao Brasil. O que posso assegurar é que, se meu irmão for hoje para a Arábia, aonde ele chegar a cidade vai parar e torcedores vão beijar o pé dele."

A aventura no deserto serviu, ainda, para plantar em Rivellino a ideia de se aposentar. "Amadureceu essa decisão de parar. Eu ficava lá quase o ano todo e não tinha notícia nenhuma, eu sumi. O único que dava alguma notícia era o [jornalista] Solange Bibas. Nunca soube como ele descobria, não era fácil a informação como hoje. Imagine voltar a jogar no Brasil com 36 anos, em 1981. Foi muito bom o período lá, porque fui me preparando para a aposentadoria."

Quando voltou ao Brasil, Rivellino sofreu uma contusão jogando uma pelada. Como tinha amigos no clube e era perto de sua casa, foi fazer tratamento no São Paulo. "Um dia eu estava no departamento médico do Morumbi e pediram para eu participar de um coletivo. O técnico era o Mário Travaglini, meu amigo. A zaga do São Paulo tinha Oscar e Darío Pereyra, mas o resto do time era muito ruim. O Zé Sérgio também estava se recuperando de contusão e jogava no time reserva. A gente já se conhecia, ele era parente da minha ex-mulher. Eu metia a bola em diagonal para o Zé, que era danado, rápido. Os caras do São Paulo não estavam acostumados com isso. Eu e o Zé arrebentamos com o treino. Aí os dirigentes do São Paulo e o Travaglini vieram falar comigo, se eu não queria jogar. O São Paulo tem essa mística dos jogadores veteranos. Teve o Zizinho, Gérson, Falcão, Cerezo. Mas eu não queria mais."

Ainda houve tempo para que Riva ao menos vestisse a camisa do São Paulo em uma partida. Em 22 de setembro de 1981, ele participou de um amistoso em que o Tricolor paulista goleou a seleção da Arábia Saudita por 5 a 1 no Morumbi. O desempenho foi tão convincente que a revista *Placar* da semana seguinte ao jogo fez uma reportagem em forma de teste, avaliando por tópicos a atuação de Rivellino e recomendando sua contratação, e afirmou que ele ainda poderia ser muito útil.

Embora oficialmente tenha vestido as camisas de apenas três clubes em sua carreira, Corinthians, Fluminense e Al Hilal (além da seleção brasileira), outras torcidas tiveram o prazer de "torcer" por Rivellino. O amistoso do São Paulo com a seleção saudita foi um deles. Em 9 de janeiro de 1972, Rivellino reforçou a Portuguesa de Desportos em um dos jogos que marcaram a inauguração do Estádio Oswaldo Teixeira Duarte, o Canindé. Ele foi o convidado especial do segundo jogo (o primeiro foi uma derrota da Lusa para o Benfica por 3 a 1), contra o Zeljeznicar, da extinta Iugoslávia. A Lusa venceu por 2 a 0, e o segundo gol, uma pintura, foi marcado por Rivellino, que jogou com a camisa 8 da Portuguesa. "Nesse dia dei um elástico lindo", recorda Rivellino, citando seu drible característico. O elástico foi aplicado exatamente no lance do gol, no qual ele recebeu um passe de Basílio, aplicou o elástico com a perna esquerda e finalizou com um belo chute de direita.

Atuando pelo Al Hilal, Riva transformou-se no melhor jogador estrangeiro a ter passado pelo futebol da Arábia Saudita. Até hoje é ídolo no país.

144

Em 1978, antes de jogar na Arábia Saudita, Riva atuou pelo Cosmos de Nova York, time que era a sensação do futebol nos Estados Unidos e que havia sido a última equipe de Pelé. Depois de participar do jogo entre o Cosmos e uma seleção de estrelas mundiais, em 30 de agosto, no qual inclusive marcou um gol, foi convidado pelo time norte-americano, que tinha Beckenbauer entre seus craques, para jogar um amistoso contra o Atlético de Madrid, da Espanha. O jogo foi realizado em 4 de setembro de 1978, no mítico Giants Stadium (que ficava onde hoje é o estacionamento do MetLife Stadium), em East Rutherford, Nova Jersey, perante um público de 35.140 pessoas. O time espanhol venceu por 3 a 1, com um gol do brasileiro Leivinha e dois do argentino Rubén (Ratón) Ayala. O gol do Cosmos? Foi de Rivellino.

Em 26 de janeiro de 1986, foi a vez da torcida da Ponte Preta celebrar a presença de Rivellino com suas cores. Ele participou do jogo de despedida do grande ídolo da Macaca, o meia Dicá. O adversário era o Grasshopper, da Suíça. Aos 40 anos e com alguns quilinhos a mais, Riva marcou, de falta, o primeiro gol da vitória por 2 a 0 da Ponte e desfilou seu repertório incrível de dribles ante os atônitos marcadores suíços.

Em jogos beneficentes, Rivellino atuou por equipes como Douradense, seleção de Curaçao e Marabá. Sempre que é convidado para participar da despedida de algum grande jogador, ele lembra que a seleção brasileira ficou devendo a sua. "Uma vez o Solange Bibas [jornalista] me disse que a CBF queria fazer uma homenagem num jogo da seleção, na Bahia. O Telê [Santana] era

146

Em 12 de junho de 1977, o Brasil
empatou com a então Alemanha
Ocidental por 1 a 1, no Maracanã.
Foi o centésimo jogo de Rivellino pela
seleção. Ele recebeu o cumprimento
do capitão alemão, Berti Vogts.

147

o técnico. Eu entraria em campo e receberia uma homenagem. Falei que não. Eu queria jogar, vestir a camisa do Brasil. Daquele jeito eu não quis."

Riva segue frequentador assíduo de peladas de final de ano organizadas por jogadores e ex-jogadores. "Sempre gostei de pelada. Nas férias, ia muito para Santos, jogava na praia todo dia. Tinha o tradicional Branco contra Crioulo, o time do Vasco da Gama de Santos. Hoje é mais requintado, amigo desse contra amigo daquele, mas é pelada igual. Tinha uma pelada que os caras iam vestidos de mulher, todo mundo morria de rir." Não deixa de ser uma forma de matar a saudade dos amigos e da bola. "Saudade eu tenho até hoje. Principalmente dos meus grandes amigos, do Ado, do Corró, do Adãozinho, do Tião. Não sonho com futebol; mas vendo jogo, quando a bola chega ao cara, já penso a jogada. Fico puto ao perceber que enxerguei a jogada e o cara não. Vejo jogo sozinho, é como eu gosto. Tem quem faz direito ainda, o Zé Roberto, o Ganso. Eu penso comigo mesmo: 'É tão fácil, mas o cara não faz'." Nessas ocasiões, quando o Abílio está por perto, faz valer a condição de irmão mais velho. "Eu falo pro Roberto pegar leve, porque para ele era fácil, mas não é para todo mundo", diverte-se.

Na praia de José Menino em Santos, Canal 4, onde a família tinha apartamento, Rivellino gostava de jogar as famosas peladas. Esta foto, do início dos anos 1970, registra um dos jogos, acompanhado por grande público ao fundo. A pelada era coisa séria.

COM A PALAVRA,
Zico

"Um dos maiores do mundo morre de medo de sapo"

Foram apenas duas temporadas. Mas a parceria que uniu dois dos maiores craques da história do futebol brasileiro rendeu gols antológicos e uma amizade para toda a vida. Nascido Arthur Antunes Coimbra e ungido maior jogador da história do Flamengo como Zico, o ponta de lança talentoso, inteligente e de chutes milimetricamente precisos com o pé direito aprendeu a admirar Rivellino ainda como torcedor, na Copa do Mundo de 1970. Seis anos mais tarde, fazia dupla com o Reizinho do Parque com a camisa da seleção brasileira. A partir de 1978 até a Copa de 1986, herdou de Rivellino a camisa 10 da seleção brasileira.

"Quando eu era garoto, em Quintino [subúrbio do Rio de Janeiro], durante a Copa de 1970 nós tínhamos um bloco que saía para a rua depois de cada vitória do Brasil. Ali eu comecei a conhecer o Rivellino. Naquele tempo era muito difícil ver equipes de outros estados. Mas eu cheguei a ver o Riva no Maracanã, que naquele

150

período era conhecido como Recreio dos Bandeirantes, porque os times paulistas vinham ao Rio e deitavam nos cariocas", recorda Zico.

Quando Rivellino foi jogar no Fluminense, em 1975, ele e Zico atuaram juntos por uma seleção carioca. Apesar do respeito que impunha aos jovens jogadores, Rivellino foi vítima de Zico, um gozador profissional. "Todo mundo sabia que, além de craque de bola, o Riva era muito bom na sinuca, praticamente imbatível. Aí armamos uma para ele na concentração. Tinha um jogo que se chamava 'vida', quem fosse perdendo 'morria' e saía da mesa. Combinamos de deixar o maior número de bolas possível na boca da caçapa para o Riva. Aí ele teria que se abaixar para encaçapar. Ele caiu igual pato. Enchemos aquela orelha bonita dele de petelecos. Aquela orelha dele é convidativa", ri Zico, recordando o episódio e o apelido do amigo. Rivellino é chamado pelos amigos do futebol de Orelha, numa referência ao tamanho avantajado do aparelho auditivo.

Mais tarde, já como parceiro de seleção brasileira, Zico continuou admirando o amigo e aprontando com ele. "O grande jogador todos conhecem. Agora, o que quase ninguém sabe é que um dos maiores do mundo morre de medo de sapo", entrega o Galinho de Quintino. "Uma vez, em Brasília, ele se apresentou à seleção dizendo que estava com o tornozelo machucado. Aí colocamos um sapo no corredor do quarto dele e quando ele viu o bicho, deu um pique de 50 metros espetacular. Outra foi na Colômbia. O Zé Maria achou um sapo e amarramos na porta do quarto em que ele estava. Batemos, ele veio abrir a porta e, quando viu o sapo, fugiu feito louco", diverte-se.

Brincadeiras à parte, Zico nutre uma admiração fraterna por Rivellino. "Quando estreei na seleção, contra o Uruguai [Brasil 2 × 1 Uruguai, em 25 de fevereiro de 1976, em Montevidéu], ele estava no time. Lembro-me de que o Riva e o Nelinho foram expulsos. Teve uma falta no final do jogo, eu bati e fiz o gol da vitória. Foi muito fácil a minha adaptação com o Riva. Ele era mais maduro, ajudava os jovens. Eram ele, o Leão e o Zé Maria os mais experientes, que deram mais tranquilidade para a gente."

Parceiro privilegiado de grandes jornadas ao lado de Rivellino, Zico não hesita ao afirmar: "É um dos grandes de todos os tempos de fato e direito. O Riva era um jogador excepcional, decisivo. Organizava, passava e fazia gols. Tirar a bola dele era muito difícil. Tinha técnica, passe, visão de jogo, inteligência. Ele tinha todas as características de um segundo meia. Também mostrou tudo isso quando foi preciso jogar numa função diferente, mais pelo lado esquerdo."

Entre as lembranças que guarda com carinho de quando jogaram juntos, Zico destaca uma em especial. "A gente fez um gol contra a Bolívia que foi do cacete. Botamos seis bolivianos na roda, pelas Eliminatórias da Copa do Mundo, foi 8 a 0 [14 de julho de 1977, jogo disputado em Cáli, Colômbia]. Brasil, Bolívia e Peru disputavam duas vagas. A Bolívia tinha eliminado o Uruguai; aí, antes do jogo, o [Cláudio] Coutinho pediu ao Jairo dos Santos [observador] para falar sobre a Bolívia. Ele desenhou um time que parecia o Barcelona de hoje. Entramos sérios pra caramba e, no primeiro tempo, já estava 4 a 0 para a gente. No sexto gol, fizemos aquela tabela linda. Ele me deixou na cara do

152

gol, e eu marquei." O gol, uma obra de arte, é facilmente encontrado na internet, em belas imagens em preto e branco.

Zico lamenta apenas não ter jogado mais vezes com Rivellino. "Foi um dos maiores parceiros que eu tive, pena que por pouco tempo. No tempo da seleção de masters, nossas famílias se aproximaram, meus filhos são amigos dos filhos dele, saíamos juntos para jantar. Fiquei muito feliz por ele estar em um carro alegórico no desfile em minha homenagem [enredo da Imperatriz Leopoldinense em 2014]." Como, infelizmente, não dá mais para ver Zico e Rivellino juntos em campo, a tecnologia do mundo moderno ajuda a matar a saudade. "Fui jogar *videogame* com o meu neto, e ele me mostrou um time que tem eu, Rivellino e Carlos Alberto Torres. Meu neto perguntou: 'Quem é esse Rivellino, vô?'. Eu disse: 'Esse aí é fera, jogava pra caramba'."

Com o bom humor que é sua marca registrada, Zico revela uma recordação dolorida provocada por Rivellino. "Foi num Flamengo e Corinthians. O Riva estava puto com o Yustrich [treinador do Corinthians], metemos 5 a 1 neles. No segundo tempo, teve uma falta para o Corinthians, dois toques, dentro da nossa área. Eu estava na barreira. O Riva meteu uma porrada com raiva, a bola explodiu na minha coxa. Fiquei com a marca da bola por três dias. Eu xingava ele, dizia: 'Desgraçado desse orelhudo! Vai chutar forte assim lá na...'."

153

Matando a saudade

A volta
ao futebol
na seleção
de masters.

Atividade lúdica por excelência, o futebol é difícil de largar, tanto para profissionais quanto para peladeiros de fim de semana. Não seria diferente com Rivellino. Após a experiência na Arábia, chegou a hora de colocar fim a uma carreira gloriosa, que de meados dos anos 1960 até o início da década de 1980 o colocara em um clube exclusivo – o dos gênios da bola. "Não é fácil parar de jogar bola. O dia a dia, a concentração, as viagens, os amigos, é tudo muito animado. Se o jogador não estiver preparado para esse dia, bem resolvido, ele bate na parede e volta", analisa o cidadão Roberto, falando do craque Rivellino. "Mas fico muito feliz porque, na verdade, eu nunca deixei o futebol."

Como sua imagem é reconhecida instantaneamente, também por causa do vasto bigode, Riva não foi esquecido pelo público – nem poderia. "Sempre fez parte da minha vida o público. Desde os tempos de Corinthians. Qualquer joguinho tinha 30, 40 mil pessoas. O Fluminense batia recordes de bilheteria. Na minha época, não tinha estádio vazio para a seleção. Na Arábia, os estádios também eram lotados. O que o torcedor muitas vezes não sabe é que o jogador sente falta de uma rotina que o pessoal não vê, não conhece. A gente ficava mais tempo no vestiário batendo papo, um sacaneando o outro, do que treinando. Tinha essa rotina, a brincadeira. Do dia a dia, a gente sente falta. Do jogo, de tudo. Lembramos coisas fantásticas, foi maravilhoso", diz, nostálgico. Ele revela, inclusive, que sonha com seus tempos de jogador. "Às vezes sonho que estou no jogo e faço as coisas que eu fazia. Hoje o futebol é uma teta. Se fizesse hoje da maneira que eu fazia, ameaçava bater, cairiam dez na hora", afirma, irônico.

Acordado, ele também dispara algumas cornetas e se imagina dentro de campo. "Eu gosto de futebol. Vejo o Corinthians, vejo o Fluminense. Muitas vezes, assistindo a um jogo pela TV, parece que estou jogando. Penso, falo: Toca logo, vira o jogo. Eu era assim em campo. A bola vinha e eu já pensava antes no que fazer."

Foi essa saudade que motivou Rivellino a participar de uma grande sacada do narrador Luciano do Valle, falecido em 2014. Luciano era fã dos canais dos Estados Unidos dedicados exclusivamente ao esporte. Associou-se ao empresário Francisco Leal, o Quico, e fundou a Luqui, uma empresa de marketing esportivo que comprava horários da TV Bandeirantes e levava ao ar eventos esportivos. O auge do projeto, nos anos 1980 e parte dos anos 1990, foi o *Show do Esporte*, que ocupava praticamente toda a programação de domingo da emissora paulista. O futebol estava num período de baixa, a seleção brasileira vinha de sucessivos fracassos em Copas do Mundo, e Luciano resolveu aproveitar a onda nostálgica para criar a seleção brasileira de masters. Uma jogada comercial que se revelou visionária. Rivellino era o carro-chefe do projeto.

157

Uma das formações da seleção brasileira de masters, no estádio Serra Dourada, em Goiânia. Rivellino, como sempre, é o dono da bola. Nesta fase ele viveu a nostalgia de voltar ao futebol e rever grandes amigos.

"Jogar no master foi maravilhoso. Naquela época, no começo, só tinha cara talentoso. Edu, Romeu, Luís Pereira, Amaral, Zé Maria, Wladimir, Lola, Zenon, Eurico, Edu Bala, Jaime, Djalma Dias. O Zico participou com a gente. Com o tempo, virou competição, mas era uma coisa mais leve. Acontece que, quando você veste camisa, quer ganhar, já complica. Mesmo sendo uma coisa *light*, eu odeio perder."

O grande barato do master para Rivellino estava em rever companheiros e nas famosas resenhas, as conversas dos jogadores de futebol. "Tinha cada figura. Dicá, Chicão, Teodoro, Serginho Chulapa, era só história boa. Tem caras que são craques para contar história, o Gilberto Sorriso, o Gilberto Costa, o Edu. Era uma festa. Aonde a gente ia, parecia a seleção brasileira de verdade. Uma vez, em Recife, precisou de polícia para escoltar nosso time. Levaram meu pai como chefe de delegação, era tudo festa", recorda.

Riva, no entanto, não esconde certa mágoa de Luciano do Valle em relação à seleção de masters. "Fizeram a Copa Pelé, a Copa Zico. O Luciano ficou me devendo a Copa Rivellino. Eu criei, banquei, dei credibilidade. Falei isso para ele num jantar, mas ficou sempre tudo bem entre a gente."

Esse primeiro contato com o mundo da TV fez com que Rivellino vislumbrasse outra carreira ligada ao futebol – a de comentarista. Em alguns casos, conciliando os jogos do time de veteranos com os comentários. "Para comentar, eu tinha uma característica. Gostava de entrar na respiração do Luciano, não atropelava. Se eu ficasse esperando ele me chamar, poderia perder a chance de falar na hora certa. Eu falava o que via na hora, como se estivesse jogando. Não gostava de ficar cinco, dez minutos sem falar. Também adorava trabalhar com o Jota Júnior, um cara muito legal, e com o Oliveira Andrade. Para um comentarista é até cômodo ficar sem falar muito. Eu gostava de falar na hora e trocar ideia. Foi muito bom, fiquei mais de 20 anos nessa função. Tinha retorno do público, me identifiquei. De 1986 a 2002, trabalhei em todas as Copas", conta Riva, que também foi comentarista do SporTV. As melhores lembranças, no entanto, ele guarda dos tempos de Bandeirantes. "Na Band, a gente fazia milagre. Juarez Soares, Gérson, Tostão, Mário Sérgio, eu, Armando Nogueira. Formadores de opinião fantásticos no *Apito Final*, um papo bom. O Pelé esteve com a gente no México. Era um papo que fluía."

Para analisar o jogo e também o trabalho dos colegas dessa nova carreira, ele manteve o estilo ousado que tinha em campo. "Tem ocasiões em que você quer passar uma coisa e não consegue. Não é fácil enxergar o jogo. Lá de cima, na cabine, é melhor para ver. Quando joga, a gente vê de um jeito; mas lá em cima tem tudo, você vê a posição, se apoiou errado e percebe melhor. Graças a Deus, o jogo eu enxergo. Podia ter dificuldade para passar, articular palavras. Atualmente tem esse negócio de tática, muito número. Acho horrível! Você escala, teoricamente tem 4-4-2, 4-3-3, mas no jogo é diferente. O que interessa é ser compacto, é todo mundo ocupar espaço."

Durante sua vida profissional como comentarista, Rivellino teve exemplos de como era respeitado por craques de sua e de outras gerações. "A minha história não vai melhorar nem piorar. Todo mundo sabe o que fui. Mas tem certo tipo de reconhecimento que faz a gente balançar. Certa vez, quando o Platini já era dirigente, eu estava a pé perto do estádio em Paris, ele me viu, parou o carro e veio me abraçar. O Beckenbauer, quando me vê, fica louco. A recíproca é verdadeira, gosto muito deles e tenho muito respeito, foram grandes craques."

Conhecedores do estilo discreto, da timidez e do jeito estourado de Rivellino, alguns de seus companheiros de televisão gostavam de criar situações para tirar o amigo do sério. Mário Sérgio, companheiro dos tempos de jogador no Fluminense, gozador e agitador, era um deles. "O Mário Sérgio organizava os rachões da equipe da Band. Uma vez, botou no meu time um cara que ele sabia que tinha ido para a noite e chegou morto em campo. O Mário me sacaneava, mas era muito parceiro", afirma, rindo.

Certa vez, sobrou para o repórter Tatá Muniz a ira de Rivellino. O craque não tinha nada contra os rachões, mas pedia apenas que fossem reservados, somente para o pessoal da equipe, sem a presença de público. Tatá marcou uma partida e avisou Rivellino – só não disse que seria no ginásio de uma faculdade, com a presença de alunos, e que havia espalhado que o craque histórico da seleção brasileira estaria presente. Quando viu o ginásio lotado, Riva ficou uma fera. Mas o pior ainda estava por vir. "O

Tatá botou o Maraco [produtor e editor da TV Bandeirantes] no gol do meu time. Ele nem sabia que goleiro podia pegar a bola com a mão. O goleiro do time do Tatá era o Márcio de Castro, que tinha sido goleiro profissional de futebol de salão e pegava tudo. Sou pavio curto. Na hora, eu saquei que o Tatá e o Mário haviam armado para mim. O Mário, que não era bobo, saiu do jogo rapidinho. O Tatá ficou, e eu pegava a bola e mirava todos os chutes no peito dele."

Com o tempo, a rotina de comentarista, que em muitos aspectos é similar à de jogador, cobrou seu preço de Rivellino. "A família fica para trás, você não tem fim de semana. Como jogador, foram 20 anos sem fim de semana. Fiquei 24 anos na TV, a gente viajava para todo lado também. Fui pensando na vida que eu poderia ter, mas não tinha. Era como se eu fosse jogador, só que não jogava. Aí repensei um pouco isso. Agora tenho o direito de escolher o que vou fazer no meu sábado, no meu domingo", comemora. Mesmo afastado das transmissões de jogos, ele ainda participa como comentarista de alguns programas de TV, para os quais é muito requisitado.

163

COM A PALAVRA,
Alex

"Aquele gol do elástico no Maracanã é um absurdo!"

Após a era Rivellino, nenhum outro meia-esquerda brasileiro representou tão bem essa estirpe, cada vez mais rara, do camisa 10 canhoto como Alex. Revelado pelo Coritiba, fez fama no Palmeiras e no Cruzeiro e virou estátua na Turquia. Canhoto, habilidoso, artilheiro, Alex não conseguiu se firmar na seleção brasileira. Quando estava no auge, após comandar o meio-campo do Palmeiras no título da Copa Libertadores da América, em 1999, foi preterido por Felipão em favor de Edílson no grupo que conquistaria a Copa do Mundo de 2002. Azar da seleção brasileira, que não pôde contar por mais tempo com um jogador de estilo lamentavelmente em extinção.

Quando Alex começou a jogar futebol profissionalmente, Rivellino já havia parado há muito tempo; mas seu legado sobreviveu e influenciou o jovem que dava seus primeiros chutes na base do Coritiba. Fosse através de imagens de TV ou de histórias contadas por seu pai. "Cresci com meu pai falando do Riva. Isso me criava uma curiosidade monstruosa", recorda Alex. "Uma vez fui assistir a um jogo da seleção brasileira de masters, e o Riva brincava de jogar futebol. Ele deu dois elásticos no marcador e, no dia seguinte, quando fui treinar futebol de salão, tentei imitar aquele gesto."

O interesse despertou em Alex o instinto de pesquisador, na busca pela assimilação do talento daquele que tinha visto jogar ao vivo pela primeira vez já veterano. "Fui atrás de vídeos do Riva e descobri aquele gol que ele meteu no clássico contra o Vasco [o famoso gol com o drible do elástico sobre o vascaíno Alcir]. É absurdo! Isso sem contar o chute fortíssimo que ele tinha."

A magia que faz de Rivellino ídolo de jogadores que têm idade para ser seus filhos e outros que nem sequer haviam nascido quando a Patada Atômica jogava se repete com Alex. "Mesmo não o tendo visto em campo no seu tempo de jogador, sou muito fã do Rivellino por tudo que ele representa para o nosso futebol. Para mim, bastam os vídeos e os depoimentos do meu pai."

Como atleta consagrado, Alex teve a oportunidade de se encontrar com Rivellino algumas vezes. "Ele sempre me tratou muito bem. Nossos papos foram sobre bola e canhotos, essa relação especial."

Maradona, Zidane, Keegan e outros fãs

Por que tantos craques adoram o craque Rivellino?

Em uma entrevista concedida à TV argentina que corre o mundo pela internet, o grande craque argentino Diego Armando Maradona, ainda garoto, mas já famoso, revela-se fã declarado de um craque brasileiro. "Cresci como argentino e idolatrando um brasileiro que se chama Rivellino. Sempre me falavam de Pelé. Sim, tiro o chapéu para Pelé, é um fenômeno. Mas, para mim, quando entravam Pelé e Rivellino em um campo, meus olhos iam para o lado em que estava Rivellino", afirma um entusiasmado Maradona.

Surpreso, o repórter pergunta o motivo dessa preferência. "Porque é canhoto, por causa de seu pé esquerdo, pela elegância. Rivellino reunia tudo que eu queria ser como jogador de futebol. Rebelde, era mau quando tinha que ser mau, fazia gols quando tinha que fazer gols, passava a bola como queria, de calcanhar, como fosse. E sempre com a canhota", derrete-se o *Pibe de Oro*.

Em janeiro de 1998, Maradona pôde realizar um sonho de fã. Foi o convidado especial da festa de inauguração do centro de treinamentos dos ex-jogadores Careca e Edmar, em Campinas. Careca jogou com Maradona no Napoli, da Itália, e foi, nas palavras do argentino, "o melhor parceiro que já tive, nos entendíamos de memória". Para confirmar sua presença, Maradona impôs duas condições: queria conhecer Rivellino e jogar ao lado dele.

Em uma ensolarada manhã de 31 de janeiro de 1998, Maradona teve o sonho realizado. Jogou apenas 15 minutos, mas estava eufórico. "Quando fiz uma tabela com o Rivellino, foi como se eu tivesse tocado o céu", admitiu em seu livro de memórias *Yo soy el Diego de la gente*. "Foi muito bom jogar com uma estrela como ele. Nunca mais vou esquecer", disse em uma entrevista após o jogo.

Antes de irem a campo, Maradona e Rivellino se encontraram reservadamente, conforme o argentino havia pedido ao amigo Careca. O camisa 10 brasileiro tem tudo cuidadosamente guardado em sua memória. "Foi um momento marcante para mim. O Maradona trouxe a mulher [atual ex] dele, Cláudia, e suas filhas, Dalma e Gianina, e dizia: 'Olhem, esse é o Rivellino, é meu ídolo'. Quando me viu, beijou minha mão, apertou minha bochecha e começou a falar sem parar de como me admirava. Não esqueço até hoje. Pô, era o Maradona!"

No vestiário, antes do jogo, muitos craques que foram convidados para a festa testemunharam um momento mágico entre fã e ídolo. Enquanto Rivellino se preparava, colocava meias e chuteiras, Maradona sentou-se diante dele e ficou acompanhando o ritual, como se estivesse em transe. "Eu vi essa cena e nunca vou esquecer. O Maradona parecia uma criança quando ganha a primeira bola de futebol. Ele estava frente a frente com seu grande ídolo e queria curtir cada momento, ver tudo que o Roberto fazia, como era esse ritual", conta o irmão de Rivellino.

169

Mesmo depois de ter encerrado a carreira, Rivellino continuou sendo uma referência para jogadores de diversos países e gerações. Muitos deles nunca o viram jogar ao vivo, apenas em videoteipe. Alguns nem sequer eram nascidos quando ele estava no auge. Nas ocasiões em que trabalhou fazendo comentários para TVs brasileiras em Copas do Mundo, sua passagem pelos centros de mídia provocava alvoroço em jornalistas e ex-jogadores, ávidos por uma fotografia, um autógrafo.

Quando ainda jogava, o canhoto mais admirado do futebol mundial provocava cenas de tietagem explícita até mesmo com adversários. Em 19 de abril de 1978, a seleção brasileira fez um amistoso com a Inglaterra, no antigo Estádio de Wembley, em Londres. Cerca de 90 mil pessoas viram um disputado empate por 1 a 1. O autor do gol inglês foi o atacante Kevin Keegan, um dos maiores jogadores do English Team de todos os tempos. O Brasil tinha feito 1 a 0 com o ponta-direita Gil. Contando com a colaboração do goleiro Leão, Keegan empatou cobrando falta.

A lembrança que Rivellino tem dessa partida não é de sua atuação, apenas regular. "O Keegan me procurou depois do jogo e deu um jeito de alguém traduzir o que ele queria me dizer: ele tinha deixado o bigode crescer uma época só por minha causa."

Embora não estivesse mais usando bigode quando enfrentou o Brasil em 1978, Keegan nutre verdadeira admiração por Rivellino.

Nota do autor: Fui testemunha dessa idolatria. Encontrei Keegan em Johanesburgo, dias antes da abertura da Copa do Mundo de 2010.

Eu jantava com o narrador Milton Leite quando identifiquei Keegan na mesa ao lado. O inglês foi um dos meus ídolos de infância no futebol. Puxamos conversa, e ele, extremamente simpático, terminou por sentar-se à nossa mesa e desandou a contar histórias. Reproduzo aqui uma das melhores da noite:

"Nunca vou me esquecer do dia em que joguei contra o Brasil no Maracanã [um empate sem gols em 8 de junho de 1977]. Lembro-me como se fosse hoje do estádio, da grama alta que dificultava nosso estilo de jogo. Mas do que jamais esquecerei é do barulho do chute de Rivellino. Quando ele batia na bola com aquele pé esquerdo, o ruído era mágico, diferente do de todos os outros jogadores", contou Keegan, com um brilho de adolescente nos olhos, 33 anos depois daquele jogo.

A conquista da Copa do Mundo de 1970 espalhou a imagem de Rivellino pelo mundo. O bigode, marca registrada, facilitava sua identificação por parte de torcedores. Mesmo depois que ele parou com o futebol profissional, jamais deixou de ser reconhecido. Como quando, durante um passeio com a família em Paris, foi abordado por um mais do que entusiasmado fã japonês. O rapaz atirou-se aos pés de Rivellino e só o largou depois de muita insistência e da intervenção dos filhos do craque.

Mas alguns desses encontros geraram lembranças eternas e situações inusitadas. Ainda que seja certamente um dos dez maiores jogadores de futebol de todos os tempos e não tenha falsa modéstia em relação a isso, Rivellino fica especialmente lisonjeado com certo tipo de elogio – aquele que parte de quem, como ele, jogou muita bola.

171

Quando atuou em um amistoso pelo Cosmos de Nova York, recorda do carinho com que foi tratado por ninguém menos que o alemão Franz Beckenbauer, o Kaiser, um dos grandes. "O Carlos Alberto Torres jogava no Cosmos e veio me dizer que o Beckenbauer falava a toda hora que estava emocionado de jogar comigo. Sempre que vejo o Beckenbauer, ele me trata com muito carinho."

Na Itália, houve um encontro de Rivas que estiveram em campo na final da Copa do Mundo de 1970. Pelo Brasil, Roberto Rivellino, que saiu vencedor. Pela Itália, um derrotado Luigi (Gigi) Riva. "Conversamos animadamente, e ele me disse que a Itália jogou errado naquele dia, que o jogador que eles deveriam ter marcado era eu, e não o Pelé. Acho que foi exagero dele, mas ouvir isso de um cara que perdeu a final para a gente e ainda por cima jogava muito não é pouca coisa", afirma o nosso Riva.

Em 23 de março de 2008, Rivellino foi convidado a participar de um jogo promocional de futsal realizado na quadra do Clube Paineiras do Morumby, em São Paulo. A grande atração era a presença do craque francês Zinedine Zidane, em turnê de um de seus patrocinadores pessoais. Muitos jogadores e ex-jogadores participaram. Rivellino estava entre eles e atuou por alguns minutos na equipe de uniforme vermelho, a mesma de Zidane. Há registros em vídeo na internet de Zidane tocando a bola para Riva e abrindo um largo sorriso. "Ele parecia estar se divertindo, e sempre que a bola chegava nele, tocava para mim. Era engraçado, porque ele tocava e ficava olhando, não se movimentava. Depois um tradutor me disse que ele queria ver como eu batia na bola, que era fã do meu futebol e tinha se inspirado no que me via fazer pela TV nos jogos do Brasil. Era o Zidane, pô! Esse para mim foi o último grande do futebol."

No México, a idolatria por Rivellino, que lá ganhou o apelido de Patada Atômica, gerou uma onda de nascimentos de Rivellinos nos primeiros anos da década de 1970. Nada que seja culpa do craque, registre-se. Foram centenas de homenagens de pais fascinados pelo que viram aquela canhota fazer na Copa do Mundo. Ainda hoje, é possível trombar com algum Rivellino recém-nomeado em terras mexicanas.

Uma das ocasiões em que nosso craque retornou ao México foi em 1986, na segunda Copa do Mundo organizada pelos mexicanos. Dezesseis anos depois de ter brilhado com a seleção brasileira, ele era comentarista da TV Bandeirantes. O ritual de autógrafos e fotografias se repetia em toda parte. Numa das muitas viagens entre uma partida e outra, Rivellino e o narrador Jota Júnior fizeram um trecho de carro, tendo como destino final a Cidade do México, onde o craque encontraria sua esposa, que estava para chegar num voo do Brasil. O carro em que estavam teve um problema mecânico e, com medo de perder a hora, decidiram parar um táxi para cumprir o restante do percurso. Discreto, Rivellino optou por sentar-se no banco traseiro, deixando para Jota a tarefa de instruir o motorista sobre o caminho.

173

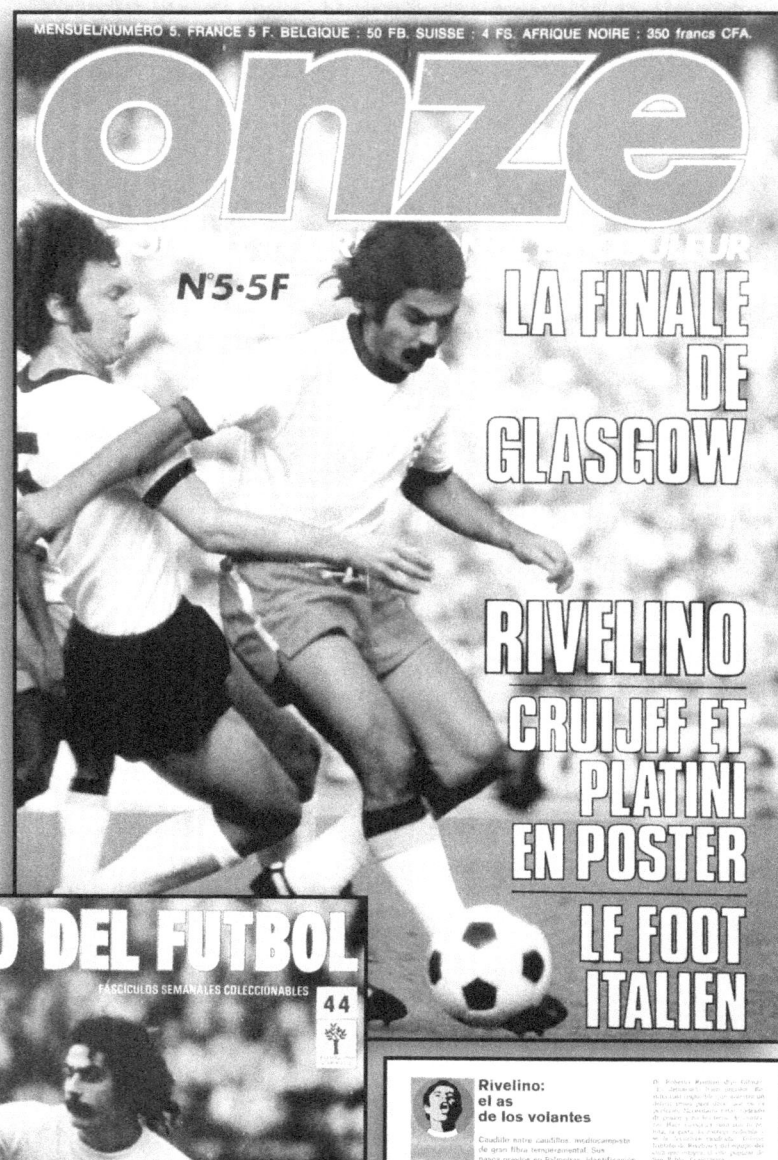

MENSUEL/NUMÉRO 5. FRANCE 5 F. BELGIQUE : 50 FB. SUISSE : 4 FS. AFRIQUE NOIRE : 350 francs CFA.

onze

N°5·5F

COULEUR

LA FINALE DE GLASGOW

RIVELINO

CRUIJFF ET PLATINI EN POSTER

LE FOOT ITALIEN

LIBRO DEL FUTBOL

FASCÍCULOS SEMANALES COLECCIONABLES

44

Rivelino, telentoso y difundo, habitual, campeón mundial con Brasil.

Rivelino:
el as
de los volantes

Caudillo entre caudillos, multicampeón de gran fibra temperamental. Sus pasos previos en Palmeiras. Identificación con el Corinthians y con la selección brasileña. Multas, goles, magueridades.

魔術師の左足は "驚き"を失っていなかった

ブラジルの英雄 リベリーノ来日

Rivellino acumulou ao longo dos anos prestígio internacional não só dos fãs, mas também dos jogadores e da imprensa. Seja na seleção, seja nos países por onde passou e atuou, foi destaque e ainda hoje é reconhecido nas ruas em diversas partes do mundo.

De tempos em tempos, Rivellino pedia: "Pergunte a ele quanto falta, Jotinha, por favor". Após uma dessas indagações, curioso, o motorista mexicano ajeitou o espelho retrovisor para ver o rosto do passageiro que conduzia. Fez cara de desconfiado. Repetiu o gesto alguns minutos depois. Na terceira verificação, virou-se para Jota Júnior e perguntou, falando baixinho: "Esse senhor aí atrás por acaso é o Rivellino, da seleção brasileira?". Ao ouvir seu nome, Riva tentou escorregar no banco para fugir do campo de visão do motorista; mas Jota Júnior, um desses sujeitos que é simplesmente incapaz de mentir, confirmou. Eufórico, o motorista parou o táxi no acostamento, saiu do carro e começou a gritar com ele mesmo: "Não acredito! Rivellino, a Patada Atômica, está no meu táxi. Preciso contar isso para o meu irmão, para o meu cunhado...". Ao reassumir o comando do táxi, o motorista, que queria que aquela viagem demorasse uma eternidade, engatou uma conversa interminável e andava em ritmo lento, curtindo cada segundo da companhia do passageiro especial.

Jotinha teve que aturar alguns chutes da canhota famosa no encosto de seu banco, acompanhados de reclamações e promessas de troco que nunca vieram. Deu tudo certo, Riva encontrou a esposa e autografou toneladas de *recuerdos* para o motorista.

COM A PALAVRA,
Beckenbauer

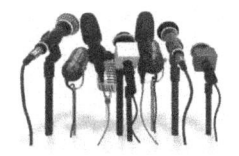

"Rivellino era um artista, não era um jogador de futebol"

Franz Beckenbauer, o maior jogador da história do futebol alemão e um dos maiores de todos os tempos, foi protagonista de partidas memoráveis. Finais de Copas do Mundo, duelos históricos. Mas um jogo em especial, perdido no tempo para a maioria dos torcedores, não sai da cabeça do Kaiser.

Em 6 de novembro de 1968, a seleção brasileira recebeu a seleção da Fifa para um amistoso de gala no Maracanã. Mais de 90 mil torcedores viram um duelo recheado de estrelas nas duas equipes. Carlos Alberto Torres, Gérson e Pelé do lado brasileiro. O time convocado pela Fifa contava com Beckenbauer e Overath – que representavam a Alemanha Ocidental, então vice-campeã mundial –, o lendário goleiro soviético Lev Yashin, além dos argentinos Perfumo e Marzolini e do uruguaio Pedro Rocha, entre outros craques.

Aos 23 anos, Beckenbauer era um talento em ascensão, após disputar a primeira Copa do Mundo dois anos antes. Sua expectativa para o jogo no Brasil estava direcionada para um jogador em especial. Mas ele foi surpreendido por outro. "Fui ao Brasil para ver Pelé e vi o Rivellino", recorda Beckenbauer, em sua confortável casa em Salzburgo, na Áustria.

O Brasil venceu o amistoso por 2 a 1, com gols de Rivellino e Tostão – com o húngaro Florian Albert marcando para a Fifa. Alguns meses mais novo que o Kaiser, Rivellino ainda buscava se firmar em uma seleção brasileira comandada por Aymoré Moreira, que havia renovado o time após o fiasco na Copa de 1966.

"Aquele jogo em 1968 foi a primeira vez que vi Rivellino jogar. Foi algo fantástico. Era como se um mágico estivesse jogando futebol. Depois nos enfrentamos outras vezes, mas aquele primeiro impacto foi marcante. Rivellino era um artista, não era um jogador de futebol."

Os arquivos oficiais da seleção brasileira registram apenas mais um jogo em que Rivellino e Beckenbauer se enfrentaram por suas seleções – uma vitória do Brasil por 1 a 0, com gol de Dirceu, em 16 de junho de 1973, em Berlim. Mas fora de campo houve mais encontros, que ajudaram a solidificar uma amizade regada a admiração mútua. "Rivellino foi um dos maiores jogado-

Rivellino com Beckenbauer no Cosmos, quando foi convidado para jogar no amistoso contra Atlético de Madrid, em 1978. O time norte-americano queria contratá-lo. O craque alemão era admirador e se transformou em amigo.

178

res da história. Além disso, é um cara muito legal, sempre disposto a ajudar os amigos", afirma Beckenbauer.

Também houve o famoso jogo da estreia de Paulo César Caju no Fluminense, o amistoso contra o Bayern de Munique, em junho de 1975. Riva pelo Tricolor das Laranjeiras; Beckenbauer pelos bávaros. Nova vitória brasileira, por 1 a 0, com um improvável gol contra do artilheiro Gerd Muller.

A memória do Kaiser não registrou a ocasião em que ele e Rivellino estiveram juntos em campo pela mesma equipe, no jogo em que Rivellino foi o convidado especial do New York Cosmos. O amistoso contra o Atlético de Madrid, da Espanha, apesar de reunir os dois craques, terminou com um triunfo categórico dos espanhóis por 3 a 1.

Mas como um craque explicaria outro?

"Era um gênio. Você simplesmente não pode copiar Rivellino. O Brasil de 1970 foi o melhor time da história da Copa do Mundo, e ele estava lá. Vê-lo jogar era algo fantástico. Assim como é fantástico ser amigo de Rivellino", resume Beckenbauer.

180

COM A PALAVRA,
Michel Platini

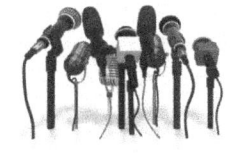

"Depois da era Pelé, Rivellino era o chefe da seleção brasileira"

A magia da seleção brasileira de 1970, considerada uma das maiores equipes de todos os tempos, tocou fundo no adolescente francês Michel François Platini, que aos 15 anos começava a chamar a atenção atuando pelos juvenis do Joeuf, clube de sua cidade natal. "Eu assisti aos jogos do Brasil em 1970 pela tv. Todos os olhos estavam voltados para Pelé, é claro. Aquela geração brasileira era excepcional, mas Rivellino teve algo a mais para mim, porque em seguida ele também atuou nas Copas de 1974 e 1978." De jovem promessa do Joeuf, Platini rapidamente passou a destaque do Nancy e do Saint-Ettienne e a uma carreira gloriosa na Juventus de Turim e na seleção francesa. É considerado um dos maiores craques europeus da história e, atualmente, preside a poderosa União Europeia de Futebol (Uefa).

Embora não considere Rivellino exatamente uma inspiração para seu jogo igualmente plástico e habilidoso, Platini identifica no brasileiro um dos craques emblemáticos da história do futebol. "É difícil dizer que ele tenha me inspirado, porque ele era

181

canhoto. Os canhotos não são como os destros, são pessoas diferentes. Eles não têm as mesmas caraterísticas que os destros, não é a mesma coisa. O canhoto sempre foi mais artístico que o destro."

Para Platini, ele e Rivellino se encaixam em definições e estilos diferentes de camisa 10. "Eu penso que o camisa 10 canhoto sul-americano tem uma característica mais de drible, um estilo mais parado que o camisa 10 europeu. Rivellino, Messi, Maradona são mais dribladores, jogadores que amam ficar com a bola. O camisa 10 destro europeu tem mais volume. Não vou dizer mais qualidade. É diferente do camisa 10 sul-americano e brasileiro." Por isso, ele admite a surpresa ao saber que Rivellino o considera um de seus, digamos, sucessores, um jogador com características semelhantes. "Isso me deixa imensamente feliz. Não existem muitos jogadores que se podem comparar aos outros. Eu penso que o Rivellino tinha o jogo dele, o estilo dele, o jeito de jogar, de bater na bola, de driblar. Ninguém tem o mesmo jeito que outra pessoa, isso não existe. Se ele acha que eu me pareço um pouco com ele, que bom! Mas eu não tenho o mesmo bigode", brinca o presidente da Uefa.

Em duas ocasiões, Platini enfrentou Rivellino em jogos oficiais entre França e Brasil – em 30 de junho de 1977, num amistoso que terminou 2 a 2, no Maracanã, e em 1º de abril de 1978, no Parc des Princes, em Paris, em outro amistoso, dessa vez vencido pelos franceses, com um gol solitário de Platini. Houve outra partida em que se enfrentaram, que curiosamente marcou mais Platini do que as partidas oficiais. Foi um jogo beneficente entre veteranos de Brasil e França, em Brasília, em 1991. Pelo lado brasileiro jogaram craques como Gérson, Zico, Luís Pereira, Edu e Rivellino. No time francês estavam Giresse, Platini, Domergue, entre outros. A partida foi um massacre brasileiro, 6 a 1. Platini não esquece um gol marcado por Rivellino. "Lembro-me de que ele [Rivellino] era o técnico da seleção brasileira dos veteranos. Depois de 70 minutos de partida, ele entrou em campo para jogar. Eu lembro que ele não era muito popular em Brasília, foi até mesmo vaiado pelo público quando entrou. Mas, nesse lance, o goleiro passou a bola pra ele, que fez um passe para o lado, foi andando devagar, recebeu a bola de volta, e o lateral esquerdo Domergue reclamou de impedimento. O Rivellino se afastou dele, mas se distanciou devagar e, a 40 metros do gol, bateu de primeira por cima do goleiro Moutier. Um gol fantástico, e as 50 mil pessoas que o tinham vaiado estavam então aplaudindo. Eu também aplaudi. Foi lindo." Ao recordar a história, entusiasmado, Platini levanta-se de sua cadeira no escritório da presidência da Uefa e imita a batida na bola de Rivellino.

Apesar dos poucos confrontos em campo, houve muitos encontros fora, o que ajudou a nascer uma amizade. "Temos um ótimo relacionamento. Sempre tive muita estima por Rivellino. Encontramo-nos durante a Copa do Mundo de 1990, depois no Mundial de Clubes do Brasil, em 2000. Conversei muitas vezes com ele". Esse contato ajudou Platini a formatar a opinião sobre o legado de Rivellino para o futebol. "Sempre o admirei como jogador. Ele é uma das lendas do futebol brasileiro e mundial em todos os tempos. Depois dos anos Pelé, o Rivellino era o chefe da Seleção Brasileira. Como Zico era o representante depois dos anos Rivellino. Tinha Pelé, Rivellino e Zico, três gerações que eu conheci. Eram figuras emblemáticas do futebol mundial. Mas Rivellino era "o" número 10 da seleção Brasileira", enfatiza o francês, destacando que o número se ajustava perfeitamente ao estilo de Riva.

183

Rivellino por Roberto

O ser humano analisa o craque.

Rivellino tem tamanha importância para o futebol e seu desempenho como atleta foi tão significante que seria o caso de, se possível, separar sua existência em duas. Há o universo do craque Rivellino e aquele em que habita o cidadão Roberto, que lhe deu vida. Em um encontro casual na rua, um pedido de autógrafo, uma foto, Rivellino pode deixar transparecer uma imagem de certa arrogância ou a tradicional máscara atribuída a muitos ídolos do esporte, do cinema, da música. Nada mais enganador. Basta estar ao seu lado por algum tempo para essa impressão ser desfeita. Trata-se de uma defesa do Roberto, uma blindagem para saber quem está se aproximando somente do Rivellino.

Mas o que o Roberto acha do Rivellino?

"Nunca pensei assim: 'Sou craque'. Mas eu sabia que era bom e ia para cima mesmo", diz, sem vacilar. Como bom comentarista, não fica em cima do muro e aponta, inclusive, o que via de defeito nele próprio. "Para cabecear eu era horrível. Marcar? No meu tempo, o craque nunca marcava. O principal era a ocupação de espaço, pois eu sabia que uma hora a bola chegaria para mim. O pé direito eu poderia ter treinado mais. O Gérson enxergava o jogo mais do que eu. Quem joga mais atrás tem mais visão de jogo, eu era mais ofensivo, queria sempre chutar para o gol."

Além do talento, o que o Roberto diria do Rivellino em aspectos como preparo físico e disciplina?

"Nunca tive contusão séria, lesão muscular. Nunca levantei um peso na minha vida. Tive minhas lesões, mas por pancada, a maioria nos tornozelos, porém nada sério. Tive meus problemas disciplinares, claro. Fui muito expulso porque achavam que eu estava reclamando quando eu estava orientando. É do meu temperamento. Mas eu sei que era tinhoso. Se eu pudesse tirar o cara do jogo, tirava. Se eu tirasse o Dudu do Palmeiras, facilitava para mim. Ele era chato, marcava muito bem. O Pelé, quando jogava contra o Dudu, a primeira coisa que fazia era dar uma caneta nele para deixá-lo nervoso. Era competitividade. Não gosto de perder. Era perfeccionista, me cobrava demais, achava que tinha que acertar tudo", reconhece. "Eu cavava muita falta perto da área. Tinha juiz que não dava, achava que era manha minha. O futebol de salão me ajudou muito nisso. Eu tinha a intuição, sabia que iam me pegar, sabia cair, escorar. E antigamente os caras sabiam dar porrada. O Paraná [ponta que fez fama no São Paulo] só dava no tornozelo, pô. Eu me defendia. Quebrei a perna de um garoto, também chamado Roberto, da Portuguesa. Dominei e toquei, pegou sem querer. Não foi maldade. Às vezes você toma uma porrada e não acontece nada. Em outras, uma jogada despretensiosa quebra."

Dentro dessa linha do conhecimento empírico do jogador, dessa sabedoria adquirida em campos de terra, barro e gramados

187

ruins, contra zagueiros botinudos, Rivellino entrega alguns truques e características de companheiros. "Além do Dino Sani, que jogava muito, mas também era danado para bater, tinha que ficar esperto com o Fontana. Moisés [zagueiro que cunhou a famosa frase 'zagueiro que se preza não ganha Belfort Duarte', que era um prêmio para jogadores disciplinados] era terrível. A primeira ele dava para valer; dizia que na primeira o juiz nunca expulsava. Com o Forlán [Pablo, uruguaio que jogou no São Paulo, pai do Diego Forlán] não podia bobear, jogava duro; se pudesse dar para tirar, ele dava. O Paranhos quase me arrebentou; já o Pelé, quando dava, era para se defender. Não tinha tanta câmera de tv naquela época, então o couro comia. Hoje quem tem habilidade tem a vantagem do cartão. O Dudu não era maldoso, mas me segurava o tempo todo. Ele se aproveitava do fato de antes de 1970 não ter cartão amarelo no futebol."

O chute forte é orgulho indisfarçável de Rivellino e uma das lembranças favoritas de Roberto. Ele se diverte até hoje com o temor e os estragos provocados por sua poderosa canhota. "Em 1969, disputamos um jogo com a seleção em Manaus. Acertei o zagueiro do time adversário, e ele saiu do jogo. Em um amistoso contra a Tunísia, em 1973, dei uma varada que quebrou o braço do cara. O Fischer, do Botafogo, uma vez estava na barreira contra o Corinthians, coitado, teve que sair do campo. Mas de sacanagem eu fiz apenas uma vez. Foi contra o Tiradentes. O cara fez uma falta em mim, foi para a barreira e disse: 'Você não é metido a chutar forte? Então chuta no meu peito'. Pedi a Deus que me ajudasse, caprichei na mira e a bola foi na direção do peito

188

dele. Mas ele abriu a barreira, tirou o corpo e a bola foi para o gol. Aí eu não aguentei e provoquei: 'Por que você não ficou?' Levei cartão amarelo."

O coração de torcedor de Roberto, que começou a bater palmeirense, com o tempo alternou o ritmo para corintiano. Mas era outro time que ele gostava mesmo de ver em campo. "Ah, aquele time do Santos dos anos 1960 era uma coisa maravilhosa! Quando jogava à noite, na Vila Belmiro, então, era espetacular. Aquela crioulada toda entrando em campo com o uniforme inteirinho branco era a coisa mais linda. E o que eles jogavam de bola...", suspira.

Para um jogador que atuou nos maiores e mais famosos estádios do mundo, o palco favorito não deixa de ser uma surpresa. "Eu adorava jogar em Araraquara. O estádio [Fonte Luminosa] era lindo, a Ferroviária tinha grandes times, o gramado era bom e eu sempre jogava bem. Uma vez em Araraquara aconteceu algo muito legal. O Bazzani, que tinha jogado comigo no Corinthians, mandou o zagueiro me marcar, e o cara não chegava junto. Ele falava para o Bazzani: 'Quero ver jogar, que marcar o quê?' Deitei e rolei no jogo."

A carreira de treinador não foi sedutora?

"Fiz um trabalho no Japão. O Sérgio Echigo morava lá, ele me convidou para alguns eventos. Depois da Copa de 1994, o Shimizu me chamou. Fui, mas errei. Tinha que me preparar melhor, levar uma equipe comigo. Fui para o lugar do Leão. Tive muitos problemas com tradução. Fiquei seis meses lá. O Pedro Santilli, que trabalhava com o Leão, ficou comigo e me ajudou

189

muito. Errei em não ter ido mais bem preparado. Jogar é diferente de treinar, trabalhar, passar algo. Levei o Djalminha, o Ronaldão, zagueiro. O Japão ainda estava desenvolvendo o futebol. O certo seria eu ficar um ano, sofrer, me adaptar e depois fazer o trabalho. A cultura era muito diferente. Você mandava um jogador mais novo marcar o mais velho, e o garoto não marcava por respeito. Hoje já mudou tudo isso", relembra.

"No Brasil, não me convidaram para ser técnico quando parei e nunca tive muita vontade. Houve um período no Corinthians, mas foi como gerente. Sempre quis lidar com a base, descobrir, trabalhar o talento, ver os moleques, mas nunca me chamaram. Falta sensibilidade e comprometimento para achar o jogador diferenciado. Não é possível não ter. O cara que jogou um pouco, bateu quatro, cinco vezes na bola, ele percebe quando o moleque é diferente. Hoje 90% faz tudo igual – pedala, toca de lado, joga para trás. Diferente como o Neymar tem poucos", avalia. "Tem que botar na cabeça do talentoso que tem que treinar. Esse talentoso é mais vagabundo, geralmente. Eu era assim, sabia que tinha talento. É preciso um trabalho especial para o talentoso."

O trabalho desenvolvido por Roberto Rivellino em seu complexo esportivo é diferente daquele do descobridor de talentos para um clube profissional. "Aqui é mais recreativo, mais en-

Rivellino é admirado até pelos mais jovens. Na foto, ele está ladeado por dois garotos de sua escolinha de futebol.

sinar o moleque a jogar mesmo, para que ele possa disputar uma pelada com os amigos, se divertir. Claro que quem tem talento vai mostrar, e a gente observa, indica, dá um caminho."

Roberto é um cara devotado à família. Discretíssimo em relação a sua vida pessoal. Não fala sobre o fim de seu primeiro casamento, com Maísa, uma amiga de infância e mãe de seus três filhos. Assim como não gosta de falar da relação com sua atual companheira, Cláudia. Conexão tão forte que foi capaz de fazer com que o craque praticamente recuperasse a forma dos tempos de atleta com base em alimentação balanceada. Ele tem adoração pelo pai, já falecido. Uma relação tocante, especial. A ponto de chorar frequentemente quando fala dele e de ter seu rosto tatuado no braço direito. "Minha mãe não ia assistir aos jogos, ficava preocupada com que eu me machucasse. Meu pai de vez em quando ia, aparecia no vestiário. Não falava nada, não dava palpite. Ele foi beque central na várzea, chegava junto." O chegava junto de seu Nicolino não era força de expressão. Em uma ocasião, pai e filho se enfrentaram no campo do Indiano. Roberto ainda era adolescente, mas jogava entre os adultos e já fazia a diferença. Passou pelo pai, já veterano, que não teve dúvidas e lhe baixou o sarrafo. Ao fazer menção de reclamar, ouviu a bronca: "Não fica chorando aí, vai jogar!".

Com a mãe, Riva compartilha momentos igualmente especiais. O almoço às segundas-feiras na casa de dona Olanda é sagrado como era a concentração antes de uma grande final. Foi mantendo Roberto sempre amparado pelo ambiente familiar que Nicolino e Olanda preservaram Rivellino. O filho e o craque agradecem.

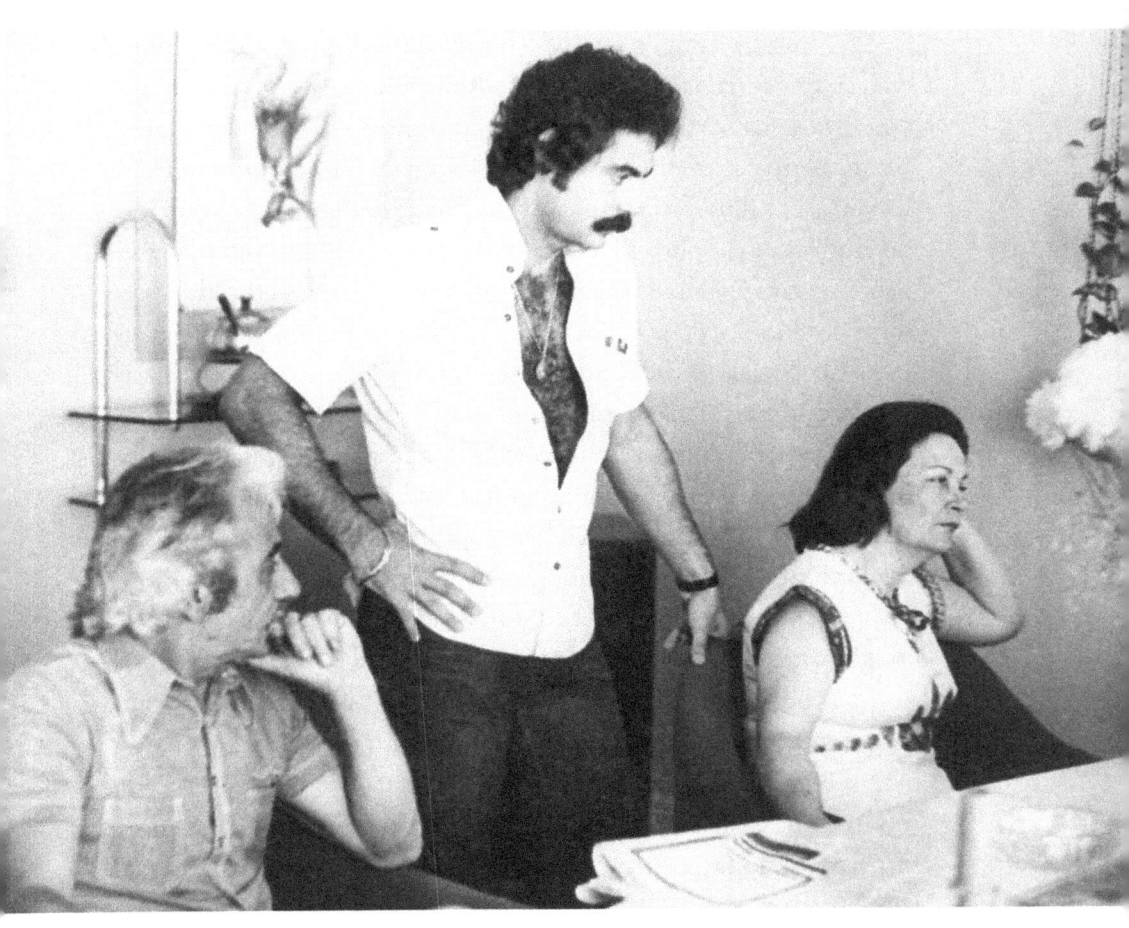

Entre os pais, Nicolino e Olanda. A família sempre esteve no centro de todas as decisões tomadas em relação à carreira de Roberto Rivellino. Principalmente o pai, que foi seu maior conselheiro.

A relação com os irmãos é fraternal, com o perdão da redundância. Com maior proximidade de Abílio que de Wilma, por motivos óbvios. Cresceram juntos como moleques boleiros de rua. Como pai, Roberto é presente e não disfarça o orgulho do caminho trilhado na vida pelos filhos. Mas nunca foi adepto de demonstrações públicas ou efusivas de carinho. Tem o mesmo comportamento com os netos. Sente-se mais à vontade quando as crianças estão mais crescidas. Preserva e valoriza vínculos familiares. "O lado da minha mãe é português. Era para eu ser Roberto Tavares Rivellino. Meu pai tirou o Tavares. Meu avô era italiano, tinha quatro irmãos; um, como ele, nasceu na Itália e três no Brasil. Numa viagem que fizemos à Itália, houve uma homenagem para o meu avô na cidade dele. Fui ver a casa em que ele nasceu, chorei demais. É na região de Molise, Campobasso; conheci muito Rivellino por lá, ganhei título de cidadão honorário."

Seja com amigos, seja com os funcionários de seu centro esportivo, que fica na mesma região onde cresceu, mantém hábitos dos tempos de criança, como sempre almoçar em casa. "Até saio para jantar de vez em quando, mas quando estou em São Paulo almoço em casa, é sagrado. Sempre fui uma pessoa muito focada no que eu fazia. Treinava e vinha almoçar na minha casa. Tinha o pessoal que ia aos negocinhos lá, mas eu não ia, não gostava. Nada contra, mas eu não ia. Morava longe. Nunca fui da noite. Já fui, claro, mas não era muito."

Os filhos de Rivellino: Rodrigo, Roberta e Márcio. Educação em escola norte-americana na Arábia foi fundamental para o futuro, segundo o pai.

Rotina é algo que Roberto mantém dos tempos de atleta de Rivellino. Toda manhã vai para o escritório, senta-se à mesa mais próxima da janela, que dá para os campos de grama sintética do complexo esportivo, e lê a seção de esportes do jornal. O futebol que consagrou Rivellino segue sendo a paixão de Roberto, mas com ressalvas. "Eu amo futebol, mas está difícil de ver. Claro que tem Barcelona, Bayern. No Brasil está pior, nossa base está mal. Antigamente eram convocados os melhores do Brasil mesmo. Hoje não, convocam jogador tático. Esse vai fazer isso para o outro fazer aquilo; não são mais os melhores. Em 1994, já foi diferente. Tinha Romário, Bebeto e o restante tudo jogador tático. Hoje o futebol está chato. Não pode nada. Não pode driblar, não pode isso, não pode aquilo. Se eu dou um chapéu, não pode. A primeira coisa que Pelé fazia era dar uma caneta, um chapéu. Garrincha hoje não jogaria, então?"

O protesto, quando parte de um dos maiores da história, deve ser visto com respeito, provoca reflexão – e desperta um dos lados mais divertidos de Roberto Rivellino, o zangado. Ele é daqueles que quanto mais mal-humorado, mais engraçado fica. "Essa história de botar o cara que sabe jogar para marcar é um saco. Você contrata o Neymar para ele marcar ou para jogar? Coutinho, Ronaldo, roubavam bola de quem? Tem dez para roubar a bola. Agora, ocupar espaço, voltar, ajudar, tudo bem. Tem que estar perto da bola." Para um jogador espetacular e decisivo, há características que precisam ser respeitadas. "Maradona joga em qualquer time do mundo; Neymar e Messi já dependem de outras pessoas. Maradona e Pelé estavam sempre perto da bola.

Zico, sempre perto da bola. Será que o Messi jogaria no Real o mesmo futebol que no Barça? Grande jogador, mas é um questionamento em cima da característica dele."

Depois de meses de conversas, cafés, lembranças, broncas, histórias e pesquisas ao lado de um dos gênios do esporte mais popular e cativante do planeta, jogo que representa a alma esportiva do Brasil, fica uma certeza dolorosa: craques como Rivellino, provavelmente, nunca mais. Por quê? Porque o mundo e o Brasil mudaram. No que diz respeito à produção que se acreditava eterna de craques, mudou para pior. O mundo e o Brasil que viram nascer Rivellino eram o das ruas de terra, de rios correndo onde hoje andam carros, de um futebol que se nascia sabendo ou se aprendia na praia, na beira do riacho, na fazenda, no campo de várzea.

Nesse canário de natureza, mais rural e menos metropolitano, além do futebol, o garoto Roberto se apaixonou pelos pássaros. "Aprendi a gostar de pássaros com meu pai, que tinha granja. Eu tirava os ovos para ele, fazia a medição, tudo isso. Meu pai adorava, e fui pro lado do 'véio' nesse aspecto. Caçava passarinho, mas hoje me arrependo muito disso. Era época do estilingue. Matava mesmo, todo mundo matava. Eu era danado no estilingue também. A gente morava numa chácara de mais de 20 mil metros, tinha muita fruta." Ao desobedecer a uma recomendação do pai em relação aos pássaros, Roberto se deu mal. "Meu pai pedia para não matar joão-de-barro, sabiá e beija-flor. Um dia, estava num canto e vi um sabiá, meio que olhando para mim. Dei no peito. Quando virei, dei de cara com meu pai. O que eu apanhei! Ele me quebrou o estilingue." Com o tempo, as molecagens e o estilingue foram

197

substituídos pela paixão genuína. "Conhecia todos os pássaros e hoje sei tudo. Não vivo sem os passarinhos, não consigo. Tenho quatro dentro de casa e muitos no escritório e no sítio."

Muitas reportagens feitas ao longo da carreira de Rivellino citaram a paixão de Roberto, desde garoto, por um pássaro em especial, o curió. Paixão desmentida por ele. "Gosto da coleirinha, pelo canto. Muita gente fala do curió. Fui passarinheiro, nunca curiozeiro. O passarinho não tem culpa, mas o nível de exigência para o curió é muito grande. Não pode errar uma nota. Tem uma crítica muito grande, absurda, isso judia do passarinho. Com curió não tem meio-termo, não pode ter outro perto dele. Existe mercado e tem gente que vive disso. Não quero mais curió. O meio não me agrada. Os torneios têm muita sacanagem. Se a pessoa é de origem humilde, não valorizam o passarinho dele, vem alguém por trás e compra. Claro que tem gente maravilhosa, gente boa. Mas tem esse lado ruim também."

Roberto Rivellino é uma das joias surgidas nos anos dourados de um futebol e de um país que não existem mais. Não havia produção de jogadores com método puramente científico e em linha de montagem para atender ao mercado europeu. O jogador brasileiro é que desafiava a ciência. Não se tentava ensinar táticas de futebol e marcação em escolinhas com campos de grama sintética e chuteiras modernosas e coloridas. O futebol e os craques brotavam dos campinhos de terra esburacados, das peladas de rua driblando carros e broncas dos motoristas, dos gramados de fazenda, dos campeonatos de várzea. O talento e a técnica do jogador brasileiro eram treinados de forma intuitiva para enfrentar as dificuldades que aquela realidade apresentava; a ginga, aprendida nas brincadeiras de pega-pega; o domínio, aperfeiçoado com bolas de meia, de pano, tampinhas de refrigerante e copos de lancheira. Não havia prospecção de craques em montagens sofisticadas de vídeo. A geração era praticamente espontânea; aprendia-se futebol nas ruas, no morro, na praia, todo mundo junto e misturado – rico, pobre, branco, negro. O futebol era real, palpável, aprendido no cotidiano, e não em imagens feéricas de *videogame*. A rua chamava as crianças, que sempre voltavam para casa. Hoje, as ruas estão cercadas pelo medo de não se voltar para casa.

Não se trata de tese amadora de Sociologia, mas de simples observação do cotidiano e avaliação de depoimentos de quem viveu essas épocas distintas do Brasil e do futebol brasileiro. Tampouco é o caso de se desprezar a ciência, o estudo e a evolução da estrutura dos clubes e dos métodos de treinamento. Nada disso. O futebol brasileiro se consagrou pela alta capacidade de improvisação e pela inventividade de seus grandes jogadores. Virou referência por ter sido absolutamente imprevisível, inimitável, surpreendente. Seria possível prever que uma criança que ia de canoa jogar bola descalça na rua, empinar pipa, jogar peão se transformaria em um gênio do esporte, em um dos maiores craques de todos os tempos?

A constatação passa longe da nostalgia pura e simples. Talvez não exista fórmula mágica ou estratégia revolucionária para que jogadores do quilate de um Roberto Rivellino voltem a surgir. Basta recordar e reverenciar quem eles foram.

Agradecimentos

Sou abençoado pela generosidade de familiares, amigos e colegas, sem os quais este livro seria apenas uma ideia.

Minha amada esposa, Isabel (revisora atenta), e meus adorados filhos, Clara e Rafael, pela paciência e compreensão pelas horas em que poderia ter estado com eles, mas estive com o livro.

Meu saudoso pai, Luiz Noriega, cujas histórias e carreira me abrem inúmeras portas lá do Céu. Minha querida mãe, Ângela, minhas irmãs, Renata e Fernanda, minha avó Olinda, meus cunhados e sobrinhos, meus tios e primos, pelo carinho e sabedoria. Minha família chilena, sempre presente.

Roberto Rivellino, um dos ídolos de minha infância, de quem tenho a honra de hoje ser amigo e de levar alguns "esporros".

Todos da Editora Contexto.

Abílio Rivellino, Arthur Antunes Coimbra (Zico), Alexsandro de Souza, José Roberto Padilha, José Ferreira Neto, Jota Hawilla, José Fornos Rodrigues (Pepito), Edson Arantes do Nascimento (Pelé), Francisco Horta, Edino Nazareth Filho (Edinho), Eduardo Andrade (Tostão), Paula Nakashige, Luís Edmundo Pereira, Milton Leite (pela parceria de sempre e na entrevista com o Kaiser Beckenbauer), Franz Beckenbauer, Michel Platini, Pedro Pinto, Stephanie Dagbert Romera, Rogério Romera, Thalita Bittencourt, Sônia Peixoto, Julyana Travaglia, Satyro Braz, Eduardo Tega, João Roberto Basílio, Izabel Lima, Mauro Beting, Frank Fortes, Mário Jorge Guimarães. Àqueles que sem querer eu tenha esquecido, obrigado e perdão!

Bibliografia

Barreto, Marcelo. *Os 11 maiores camisas 10 do futebol brasileiro*. São Paulo: Contexto, 2010.

Dias, Aílton; Quadros, Eduardo. *30 conquistas inesquecíveis*. [S.l.]: Screengraph, 2005.

Leite, Milton. *As melhores seleções brasileiras de todos os tempos*. São Paulo: Contexto, 2010.

Maradona, Diego Armando. *Yo soy el Diego de la gente*. Buenos Aires: Planeta, 2000.

Napoleão, Antônio Carlos; Assaf, Roberto. *Seleção brasileira*: 90 anos. Rio de Janeiro: Mauad, 2004.

Noriega, Maurício. *Oswaldo Brandão*: libertador corintiano, herói palmeirense. São Paulo: Contexto, 2014.

_____. *Os 11 maiores técnicos do futebol brasileiro*. São Paulo: Contexto, 2009.

Pugliese, Osvaldo Pascoal. *Sai da rua, Roberto!*. São Paulo: Master Book, 1999.

Revista Manchete Esportiva. Rio de Janeiro, 13 fev. 1979, n. 70, pp. 28-33.

Ribeiro, André; Lemos, Vladir. *A magia da camisa 10*. Campinas: Verus, 2006.

Santiago Júnior, José Renato Sátiro; Carvalho, Gustavo Longhi de. *Copas do Mundo*: das Eliminatórias ao título. São Paulo: Novera, 2006.

Trevisan, Márcio; Borelli, Hélvio. *Mário Travaglini*: da Academia à Democracia. São Paulo: HBG Comunicações, 2008.

O autor

Maurício Noriega, paulista de Jaú, cidadão de Bariri, é jornalista formado pela Faculdade Cásper Líbero de São Paulo, com Master em Jornalismo Digital pelo Instituto Internacional de Ciências Sociais. Em mais de 25 anos de carreira, trabalhou nos jornais *Folha da Tarde, Diário Popular, A Gazeta Esportiva, Lance!* e na Rádio Bandeirantes. Organizou a operação editorial brasileira do portal esportivo internacional SportsJÁ! Participou de diversas coberturas internacionais, entre elas Jogos Olímpicos, Jogos Pan-americanos, Copa América, Eurocopa, Copa do Mundo, GPs de Fórmula 1, Atletismo e Mundiais de Vôlei e Basquete. Desde 2002 é comentarista e apresentador do canal SporTV, com passagem pelo jornal *Bom Dia São Paulo*, da Rede Globo. Ganhou por cinco vezes (2005, 2006, 2007, 2010 e 2011) o prêmio Ford/Aceesp de melhor comentarista esportivo. Pela Editora Contexto, publicou os livros *Os 11 maiores técnicos do futebol brasileiro* e *Oswaldo Brandão*.

CADASTRE-SE

EM NOSSO SITE,
FIQUE POR DENTRO DAS NOVIDADES
E APROVEITE OS MELHORES DESCONTOS

LIVROS NAS ÁREAS DE:

História | Língua Portuguesa
Educação | Geografia | Comunicação
Relações Internacionais | Ciências Sociais
Formação de professor | Interesse geral

ou
editoracontexto.com.br/newscontexto

Siga a Contexto
nas Redes Sociais:
@editoracontexto